子どもの権利最前線
カナダ・オンタリオ州の挑戦

――子どもの声を聴くコミュニティハブとアドボカシー事務所――

はじめに

本書は、私たち研究班が、２００８年から２０１６年3月まで、７回にわたり訪問し調査したカナダ・オンタリオ州での知見をまとめて上梓したものです。

訪問を始めた頃は問題意識もそれほど明確ではなく、カナダの子育て支援が日本でも紹介されブームとなり、その後の動向はどうなったのだろうと確かめに行くような訪問でした。訪問を重ねるに連れ、まだまだ日本に紹介されていないカナダ・オンタリオ州独自のものが見えてくるようになりました。それは本書の中心にある「拠点」がもつ意味でした。

カナダ・オンタリオ州は移民を多く受け入れ、民族も多様です。ゆえに支援へのアクセスしやすさ、とりわけ、貧困やマイノリティといった弱い立場におかれた人たちへの支援のアクセスしやすさについては、極めて細やかな配慮をしていると感じます。どの子育て家庭に対しても必要なサービスが行き届くように、ありとあらゆる配慮があると言って過言ではありません。それを可能にするための拠点が、カナダ・オンタリオ州にはありました。

子育てに心配な家庭に向けて、地域でできるだけ早い段階で支援が行き届く。しかも支援は住宅、子育て、家事、医療、経済などを包含し統合されたサービス。そんな地域に根差した支援拠点が必要だと、オンタリオ州での取り組みを見て確信した私たちは、その拠点を「コミュニティハブ」と名付け、頻回に訪問するようになりました。そうして出来上がった本書は、カナダ・オンタリオ州でのコミュニティハブと、子どものアドボカシー事務所を追い続けた集大成です。

いっぽうで、本書では、子どもの貧困の防波堤としてのコミュニティハブモデルをも示したつもりです。子どもの貧困に対して直接的な支援を凝縮した拠点形成であるという意味ではなくて、経済的な困窮を基底にもつことで、そこからさまざまな困難が重なり合って、結果として最も不利な状態にある子どもや家庭に対して、必要なサービスを届けることができる支援拠点をめざしたのがオンタリオ州でした。その意味において、本書が示すコミュニティハブの数々は、地域レベルで子どもの貧困の防波堤になり得ます。

日本では2016年5月に児童福祉法が改正され、市町村で「地域子ども家庭支援拠点」の整備が努力義務化されました。改正児童福祉法に位置付いた「地域子ども家庭支援拠点」は、私たちがカナダで学んできたものと大枠では一致します。しかし「地域子ども家庭支援拠点」は、地域での早期虐待対応の域を超えることができていません。大切なことは、子どもの権利実現を基盤に、地域に根ざして総合的な支援をできるだけ早い段階で提供できるかにあります。

児童福祉法を改正する際に示された付帯決議では、「一、自分から声を上げられない子どもの権利を保障するため、子どもの権利擁護に係る第三者機関の設置を含めた実効的な方策を検討すること」と、第3部で紹介している「子どもアドボカシー事務所」の設置構想を求めています。私たち日本の児童福祉実践に関わる者として「地域子ども家庭支援拠点」と「子どもアドボカシー事務所」双方が地域に根差した視点をもちたいと思います。

子どもの側に立つならば、子どもが暮らす地域でサービスが十分にあり、子どもの声を丁寧に拾い上げ、子どもの問題に速やかに関わってくれさえすれば、地域が子どもの問題を解決できる力を備えているわけですから、制度として子どもアドボカシーの出番は少なくなります。しかし、現実の地域には、子ども問題を解決するにはまだまだ課題があります。

「子どもアドボカシー事務所」は、子どもの側に立ち切って、子どもの声を聴きながら、子どもの問題を解決するモデルプロセスを地域に伝えてくれます。第2部で紹介するオンタリオ州のコミュニティハブは、「子どもアドボカシー事務所」の支えを受けて地域にある子ども問題の解決力を高めているのです。

つまり、子どもたちがコミュニティハブにある時間・空間・仲間を活用して自分の権利を自覚して主張し、自分たちで問題解決できる力をつけていけるよう、「子どもアドボカシー事務所」がそこに入って支えるという構造です。それは「子どもアドボカシー事務所」の community development（コミュニティ開発）という業務とも言えます。

「子どもアドボカシー事務所」の活動は子どもの権利を保障する最後の砦であって、基本的には地域が（その最前線としてコミュニティハブが）、子どもの立場に立ち、子どもの声を聴いて、それを実現するプロセスを担います。「コミュニティハブ」と「子どもアドボカシー事務所」の共同は、子どもの権利を実現する地域をつくり、子どもの生きる場を地域につくる実践に他ならないのです。

本書では、改正児童福祉法がめざした「地域子ども家庭支援拠点」をつくるため、カナダ・オンタリオ州での取り組みを紹介しながら、虐待対応を超えた包括的な支援を行う地域モデルを提示しました。もうひとつの重要な視点、子どもの発達のよりどころとなる拠点、子どもの不利や家族の不利に介入する機能をもつ、子どもの貧困の防波堤になるべき「コミュニティハブ」も提示しています。「コミュニティハブ」と密接な連携を取りながら、つまりバーチャルな拠点のひとつとして、オンタリオ州子どもアドボカシー事務所の最前線をとらえています。

こうした支援の全体像をオンタリオ州の子ども・家庭支援の最前線として読者に届けながら、わが国で「地域子ども家庭支援拠点」と「子どもアドボカシー事務所」のいずれもが地域に根ざし共同できる設置構想として描かれることを期待しています。

※本書は次の科学研究費助成事業の研究成果の一部です。ＪＳＰＳ科研費（基盤Ｂ）課題番号26282015 研究代表・大谷由紀子、研究期間・平成26～29年度。ＪＳＰＳ科研費（基盤Ｃ）課題番号23500919 研究代表・大谷由紀子、研究期間・平成23～25年度。

子どもの権利最前線　カナダ・オンタリオ州の挑戦
子どもの声を聴くコミュニティハブとアドボカシー事務所

もくじ

第3部 子どもの権利擁護をすすめるアドボカシー事務所の活動

第1部　カナダ・オンタリオ州の子ども・家庭支援のデザイン

第1章　オンタリオ州の政策動向

はじめに

「子どもの権利条約にのっとって、子どもを発達の主体としてとらえ、子どもの権利の中核である発達への権利、それをこそ侵す問題に対してどう地域で取り組むか」

この問いについて、真摯に取り組みを重ねてきたカナダ・オンタリオ州、彼の地での子育て支援については、これまで日本で多彩な紹介がなされてきました*。

日本で2002年に国庫補助事業として創設された「つどいの広場事業」は、その後、地域子育て支援拠点事業ひろば型として再編されながら拡がりをみせましたが、もともとオンタリオ州での「Drop in Centre」、ふらっと気軽に立ち寄れる子育て中の親子のたまり場、交流の場に由来します**。

そうした実践は、日本への一般的、普遍的な子育て支援活動の発展を後押ししてきました。また、カナダでの子育て支援の理念は、親のそばにありながら寄り添う、あるいは親と親を

*財団法人資生堂社会福祉事業財団「資生堂児童福祉海外研修報告書」1999年、2000年、2004年、2005年、2015年

**小出まみ『地域から生まれる支えあいの子育て ふらっと子連れでDrop-inに』ひとなる書房、1999年

***ジャニス・ウッド・キャトノ著、三沢直子監修、幾島幸子翻訳『普及版・完璧な親なんていない！カナダ生まれの子育てテキスト Nobody's Perfect』ひとなる書房、2002年

****小出まみ・伊志嶺美津子・金田利子『サラダ

つなぎ合わせ、親同士の交流をはかりながら仲間を見つけ、子育ての大変さや楽しさを分かち合い、親として育ち合うことが大切にされてきました***。

子どもを育てるための親がもつ潜在的な力を引き出しエンパワーする取り組みは、日本の子育て支援の大きな原動力となっていきます****。

そこで、本書ではあらためて世界で最も多くの民族が共生する多文化地域カナダ・オンタリオ州*****での子育てを支える取り組みを、今度はその取り組みを行うための拠点をつくる視点からとらえてみたい。とくに子どもの発達を支え、子どもの不利や家庭の不利に介入する支援拠点の視点「コミュニティハブ」の最前線を紹介したいと思います。合わせてトロント市の動向も押さえていきます。

1、子ども・家庭支援政策の最新動向——コミュニティハブ

オンタリオ州はカナダの中で最も人口が多く、カナダの政治・経済の中心です。州都はカナダ最大の都市トロントであり、オンタリオ州のさらに細かい情報は別の章に譲るとして、本章ではオンタリオ州の子どもや家庭への支援政策に関する最新動向を紹介します。

オンタリオ州は2015年8月10日に新しい報告書「COMMUNITY HUBS IN ONTARIO：A Strategic Framework & Action Plan」を発表しています。これはオンタリオ州首相キャスリーン・ウィン氏率いる諮問グループによって、コミュニティハブをつくり出すため

ボウルの国カナダ——人権とボランティア先進国への旅』ひとなる書房、1994年。武田信子『社会で子どもを育てる——子育て支援都市トロントの発想』平凡社、2002年。ジャニス・ウッド・キャトノ著、三沢直子監修、杉田真・門脇陽子・幾島幸子翻訳『親教育プログラムのすすめ方——ファシリテーターの仕事 Nobody's Perfect』ひとなる書房、2002年

****日本カナダ学会編『はじめて出会うカナダ』有斐閣、2015年

の指南書としてまとめられたものです。

このプランは州内で実行していくための道筋を示すとともに、州首相が掲げた「最も働きやすい、最も暮らしやすい、最も子育てしやすい州」を目ざした公約の1つでもありました。

行動計画では、8つの包括的な提言を出していますので、簡単にふれてみます。
①コミュニティハブをつくるため州が主導的立場を取ること
②統合的なサービス提供（の仕組み）を育成すること
③州として公共施設の使用に関する戦略を改善させること
④進行を妨げるバリアをなくし、動機を高めること
⑤統合化された長期にわたる地域のプランニングを支えること
⑥継続的な財政を確保すること
⑦地域がもつ成長や発展の潜在的な可能性を高めること
⑧成果を評価し監視すること
「コミュニティハブは学校でも良いし、コミュニティセンターでも良い、その他の公共施設でも良い。そこでは教育も、公衆衛生・保健も、ソーシャルサービスなども含んで統合されたサービスを提供する」と行動計画では述べています。オンタリオ州がめざすコミュニティハブづくりは、子どもや子育て家庭に限ったものではありません。そのため本書では、子どもや子育て家庭へのコミュニティハブづくりに絞ってふれてみます。

2016年になってオンタリオ州は、子どもや家庭に支援を提供している既存施設を順次

ハブ化（拠点化）していく方針を打ち出しました。既存施設とは、以下の４つの施設です。

・Ontario Early Years Centres
・Parenting and Family Literacy Centres
・Child Care Resource Centres
・Better Beginnings, Better Futures

これらの施設は、はじめに掲げた先行研究で紹介されてきたところもあります。就学までの子どもと家庭、ときには学齢期の子どもや家庭まで包含して、子育て真っ最中の家庭が出会う問題や困りごとに対応する多種多彩で幅の広い支援を行う場です。

それぞれの施設ごとに特徴はあるものの、基本的には地域のニーズを拾い上げ、それに応えることを理念に各施設は支援を展開しようとします。そのため施設ごとにサービスの中身は全然違うものとなりますし、それが当然のことと施設スタッフは考えています。

これらオンタリオ州で取り組まれてきた子育て支援の場を統合して１つに再編する計画が、先述のコミュニティハブモデルの子ども・家庭バージョンとして始まろうとしているのです。それは２０１８年までに順次統合、再編されて「Ontario Early Years Child and Family Centres」としてハブ化される予定です。

「Ontario Early Years Child and Family Centres」としてのコミュニティハブは、以下の４点を支援目標に掲げています。

①７歳までの子どもと家庭に対して、子どもたちにふさわしいさまざまな環境を整えた場

で、専門家とともに学ぶ機会があること。

②子どもの発達、親業、産後うつへのサポートなどをテーマとした家族へのプログラムやワークショップが開催されること。

③子どもや家庭がその場において、仲間・友人を見つけつながれるよう、魅力的な居場所であること。

④地域でのその他の特別なサービスに関して情報を提供したりつないだりできること。

地域の子育て家庭に寄り添う支援をそろえ発展させてきたオンタリオ州は、そのサービスが各施設によってバラバラに提供されてきたことで、結果として、サービスの行き渡らなさ、最も届けたい家庭にサービスが届かないという課題に直面しました。

地域レベルで全ての子育て家庭のニーズを拾い、それに応えていくためにはハブ化が必要で、その改革にまい進しようとするオンタリオ州の姿は、州民の姿をとらえたうえでの必然であったのでしょう。

2、コミュニティハブづくりを後押しした改革のあゆみ

オンタリオ州にみる子育て家庭への支援の改革は今に始まったことではなく、以前からその前段となる改革はすでに始まっていました。そのなかでもオンタリオ州の子育て家庭が直

面した課題は、先述のとおり保育施設や子育て支援施設がバラバラだったことでした。

例えば、日本にあるような基礎自治体を中心とした公的保育制度を、オンタリオ州はもたないでいました。そのため保育サービスが必要であれば、各家庭が自らの責任において探さなければなりません。つまり自治体の保育の公的責任がありません。しかも保育施設は、日本と同様に数が足らず、常に待機児童を抱えています。さらに、公的保育制度をもたないがゆえに、自治体において待機児童をカウントする法的な義務がありません。その結果、正確な待機児童の数がわからないまま、たくさんの保育施設を申し込み歩く子育て家庭の姿がありました。こうして、最も保育サービスを必要としている家庭に対して、保育サービスが行き渡らないという問題に直面しました。

オンタリオ州は移民を多く受け入れ、まさに大人も子どもも社会的なサービスを必要としている住民が多く暮らす街です。保育サービスが受けられないことは、仕事を失う、仕事を探す機会を失う、仕事にありつけるためのトレーニングを受ける機会を失うことに直結し、それは子育て家庭の破綻を引き起こします。オンタリオ州は、この課題にすぐにでも解決に乗り出す必要性に迫られていました。

いっぽうで、幼児教育と学校教育とを円滑に接続していくことへの期待は、今や世界的な潮流を成しています。カナダにおいても同様で、チャイルドケアの統合をも含みながら、幼児教育から学校教育への円滑な接続と、保育や子育て支援サービスをさらに整備することを目的に、２００４年からBest Start strategyと名付けられた改革が打ち出されるようになりました。

当時の改革の特徴は、幼児教育と学校教育のみならず、学童保育も含むチャイルドケアをも統合しようとするものでした。

カナダでは教育制度における責任は州政府にあります。そのため連邦政府に教育省は存在しません。オンタリオ州では初等・中等教育はオンタリオ州教育法によって規定されており、これにより約５０００か所の公立小中学校が設置され、それらを72の教育委員会が管轄しています。そして72の教育委員会はまた４つの教育委員会グループに所属している構成です。

さらに、学校教育のカリキュラムに関する政策は教育省が責任を負いますが、政策の実施にあたっては各教育委員会に一任されています。それぞれの教育委員会において州政府が決めた教育のビジョンを具体的に実行していく役割を負うことになります。

オンタリオ州は、これまで0歳から12歳までのチャイルドケアや幼児教育に関して、一貫した政策を持っていませんでした。そのため地域レベルでは、保育も子育て支援もそのサービスが子どもの年齢や地域のニーズに応じてバラバラに提供されてきました。つまり、Best Start strategyを導入するまでは、オンタリオ州内の各市が独自で担うサービスもあれば州が担うサービスもあればと所管が定まらず、各自治体レベルで独自にサービスを展開することが続いていました。所管が定まらないことが、結果としてサービス提供の煩雑さを伴い、幼児教育政策の遅れ、つまり実施率の低迷につながっていました。

そのためBest Start strategyをさらに強化して、２０１０年から5年間で0歳から12歳までの教育とチャイルドケアの統合化を図る政策を段階的に施行することをオンタリオ州として決定しました。同時に乳幼児期の保育や子育て支援に関する所管をオンタリオ州に完全に移行することを目指しました。その中でも重点的に取り組む課題が3つありました。

(1) 4・5歳児の1日を通じた学びの場となるために最善の方策は何か。

(2) 地域のリソースをいかに再編するか。

(3) オンタリオ州のBest Start strategyを0歳から12歳までの子どもやその家族のために、いかに包括的、継続的、かつ統合された制度として構築するか。

こうしてBest Start strategyとして、オンタリオ州の責任の所在を明確にさせながら、乳幼児期から学齢期に渡った一貫したチャイルドケア、幼児教育、学童保育という保育政策と、子育て支援の政策を展開させるに至ります。これらの改革の歩みが、現在のコミュニティハブ政策へと結実していくのです。

3、全日制幼稚園の導入

Best Start strategyとして特に力を入れた政策の1つは、先述の(1)のとおり、4・5歳児に1日を通じた教育カリキュラムを提供するために、小学校に併設させた施設の中でFull Day Kindergarten（全日制幼稚園）*をつくることにありました。その目的を4つ示しています。

*全日制幼稚園　フルデイキンダーガーデンと呼ばれ、トロント市教育委員会が運営する幼稚園は2014年にほぼすべてがフルデイに移行した。

(1)1日を通した学びの場を子どもたちに提供することで幼児期における強力な基盤を形成すること
(2)遊びを基盤にした学びの環境を提供すること
(3)小学校へ円滑に移行すること
(4)学校や学校以外での生活を豊かにすること

さらに特徴的なことは、4・5歳児の取り組みだけにとどまらず、4歳から12歳まで extended day programsとして、教育課程時間の前後にチャイルドケアプログラムを受けることができる仕組みを整えました。このモデルが完全に実施されると、小学校がまさに地域のハブとなり、4歳から12歳までの教育と0歳から3歳までのチャイルドケアの統合が可能になります。

私たちが最後に訪問した2016年3月にはさらに改革が推し進められ、学校のハブ化が構想されていました(Community Use of Schools)。

これまでみてきたように、オンタリオ州は地域の子どもや子育て家庭のニーズを拾い、応える支援を模索してきました。その結果として多彩な施設で、子育て家庭が直面する課題に対して実に幅の広い種々の支援が整備され展開されるようになりました。

しかしそうすると、しだいに支援が届かない子育て家庭の問題が浮上するようになりました。また支援の種類があまりにも豊富で、どこにアクセスすることが自分の家のニーズにフィットするのかわからずに、支援から抜け落ちる家庭も出るようになりました。

そこで次のステップとして、現存する子育て支援施設の数を増やすというよりは、むしろ、拠点化させて、アクセスしやすい方法を模索するようになりました。そこにさえ行けば必要な支援が受けられる、そこになければそこから支援を有する別の子育て支援施設につないでくれる、言い換えれば「そこに行けば何とかなる」支援展開を目指す段階にオンタリオ州は入ったわけです。支援を整備する段階から、支援をつなぐ段階、つなぐハブを整備する段階に入ったということです。つまりハブは支援の拠点でもあり、支援の中継でもあるというオンタリオ州がめざす「コミュニティハブ」の神髄がここからみてとれます。

その意味で、いまオンタリオ州は子どもや子育て家庭に限らず、既存施設のハブ化政策真っ只中と言ってよいでしょう。この政策がどのような成果をもたらすか、また見えてくる次なる課題は何か、これからも追っていきたいと思います。

日本に目を転じると、子どもや子育て家庭に対して直面する課題に応える幅広い支援を地域レベルで展開しようとするのはまさにこれからの課題です。それらをハブ化しようとするのは、さらに次のステップとなるでしょう。先述したように、日本でも改正児童福祉法のなかで、「地域子ども家庭支援拠点」の設置が法的に位置づけられました。日本の児童福祉もオンタリオ州と同じ方向を向いています。オンタリオ州から学び、ハブ化をめざす視点をもち続けたいものです。

4、貧困削減に向けた政策動向

ここでオンタリオ州での貧困政策についてふれておきます。

オンタリオ州が初めて貧困政策をもったのは、2008年のこと。「Breaking the Cycle Ontario's Poverty Reduction Strategy」という、州として貧困の連鎖を断つ戦略でした。2014年からは「Realizing Our Potential」に引き継がれ、2014年から2019年までの5か年計画として継続されています。5か年計画では、①子どもの貧困、②所得保障、③ホームレスと、大きく3つに分けて施策が盛り込まれています。

子どもの貧困対策をみると、さらに、2014年から始まった第2番目の貧困政策に着手する際、それまでを総括して「Key achievements in 2014（2014年中の主要成果）」を発表しています。そのなかで、2014年から2015年の学歴で47万人の子どもが全日制幼稚園に通えるようになったと報告しています。全日制幼稚園への完全移行で保育料にかかる費用で年間平均6500カナダドルの削減が各家庭で実現しているとも述べています。

これをみても、乳幼児期の保育制度改革が子どもの貧困対策に直接つながっていることがわかります。また、保育制度の改善が子どもの貧困対策になることも同時に示しています。つまり、貧困対策だけが独自に走るのではなく、地域での支援を貧困対策として位置づけて、積極的に経済的に不利な家庭へ支援を届けていくことこそ、貧困対策の神髄と言えます。

その他の取り組みとして、貧困家庭に向けた支援として紹介されているものは、

①現金給付

・オンタリオ州子ども手当

・チャイルドケアを受けるための補助金

②子ども、青年への現金給付

・歯科医療を受ける手当

・メンタルヘルスの支援やサービス

・学校での生徒栄養プログラム

③社会的養護の対象となった子どもへの自立支援

・18歳で社会的養護でのケアを終えた子どもへの自立に向けたサポート

④教育プログラム

・先住民への教育戦略

・放課後プログラム（学童保育、スポーツ・文化プログラム、居場所づくりなど）

・高校卒業後の生活設計プログラム

などです。

このように紹介すると、日本でも同じような取り組みをしているし、何も変わらないのではないかと思ってしまいます。しかし、オンタリオ州の最大の特徴は、コミュニティでの支援の多様性です。州政府は支援の大きな枠組みは示しますが、それを地域でいつ、誰が、誰

を対象に、どのような方法で行うかは地域で考えます。まさにコミュニティハブが考えることです。そのため支援政策は（州発信として）同じでも、実際に展開されている支援はコミュニティハブによって千差万別です。

その目的は、いちばん届きにくい人へ、家庭へ、支援をいち早く届けることにあります。コミュニティハブをつくるときに忘れてはならない視点です。

第2章　トロント市の政策動向

1、多様性のトロント

カナダ・オンタリオ州で最大の都市トロントは、オンタリオ州の州都でもあります。Statistics Canadaによると、２０１１年の統計で約２６１万５千人が暮らしており、２００６年の約２５０万3千人より増加傾向にあります。英語を母語としている人が50・９%、フランス語を母語としている人が１・３%、英語やフランス語が母語でない人が44・６%である。また家庭で英語だけを使って話す人が64%、家庭でフランス語だけを使って話す人が０・６%、家庭で英語やフランス語以外の言語で話す人が28・３%と報告されており、ルーツの多彩さを物語っています。

また、同調査ではトロントの人口のうち、０歳～14歳までが15・３%、15歳～64歳までが70・２%、65歳以上が14・４%と示しています。その民族の数は28を超え、まさに多文化主義の象徴ともいえる都市です*。２００６年国勢調査での民族の分類方法は、European

＊ Statistics Canada
http://www.statcan.gc.ca/start-debut-eng.html

originsなどという大枠でそのルーツを調査しているため、さらにもっと多くの民族が暮らしているでしょう。民族の多様性しかり、言語の多様性しかり、多文化主義のトロントの様子がよくみえてきます*。

*日本カナダ学会編『はじめて出会うカナダ』有斐閣、2015年。飯野正子、竹中豊『現代カナダを知るための57章』明石書店、2012年。

2、子どもと家庭のサービスを規定するWard

これまでも、トロント市内で行われている子育て支援の場が、わが国にもたくさん紹介されてきました。こうした先駆的な取り組みの数々は、わが国の子育て支援を推し進める上でのモデルになってきましたし、カナダの地に学ぶ子育て支援研究も飛躍的に進みました。しかしたくさんの紹介がなされてもなお、紹介しきれない部分がありました。それはトロント市が進める福祉的なまちづくりの単位であるWard（ワード、区域）です。

トロント市は44のワードに分かれており、その単位で子どもと家庭にまつわるサービスを整備し、支援を届けるまちづくりを進めてきました。ワードは市議会議員選挙区を指しています。トロント市議会は、市長と各ワードから選出された44名の市議会議員で構成されています。市議会議員は同時に、彼らが選出されている各ワードの委員会や地区協議会の委員長を務めることになるわけです。

市議会の役割として、各ワードについてワードプロファイルと称しながら、人口、年齢別人口、単身世帯、ひとり親世帯等の割合、母語の種類とその割合など、たいへんきめ細かく住

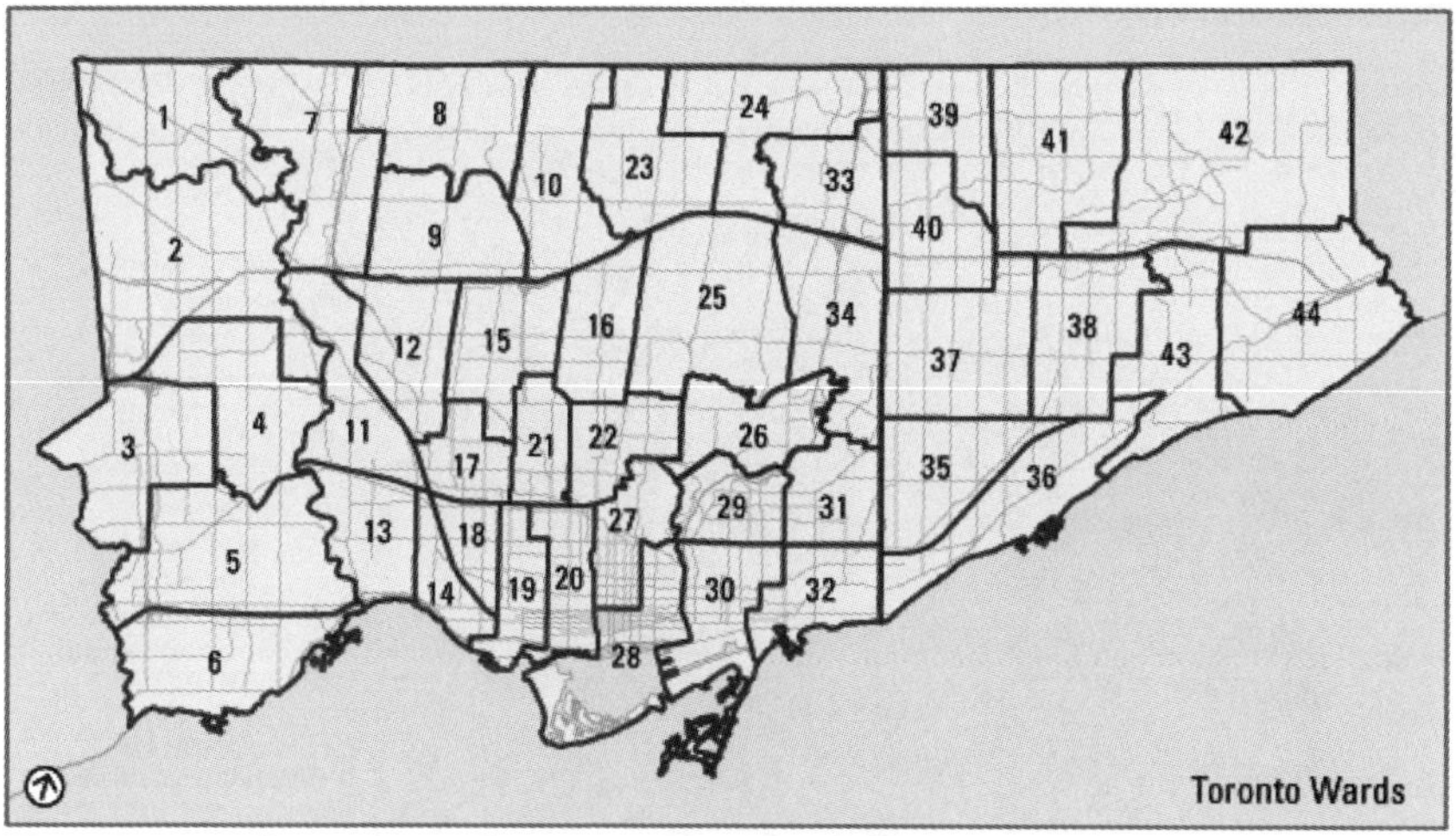

図１　トロント市ワードマップ　トロント市HPより転載

民のデータを分析し、それをトロント市議会ウェブサイトで紹介しています**。

さらに、Children's Services（子どもサービス課）では、The Toronto Report Card on Children（トロント子ども報告書）として、市内の子どもたちの状況を詳細に紹介しています。人口統計と子どもの健康やウェルビーイングに関する多彩な指標をワード地図上にマッピングすることで、トロント市内に住む子どもと家族に関する情報を視覚化しています。例えば、0歳から14歳までの人口、低所得層の子育て世帯、ひとり親世帯、移民などの情報です。

こうしてワードごとの詳細な情報と、それらを地図上にマッピングすることによる視覚的な情報とを突き合わせると、ウェブページ上からもずいぶん細かく各

**トロント市議会およびワードプロファイルは以下を参照。http://www1.toronto.ca/wps/portal/contentonly?vgnextoid=c3a83293dc3ef310VgnVCM10000071d60f89RCRD

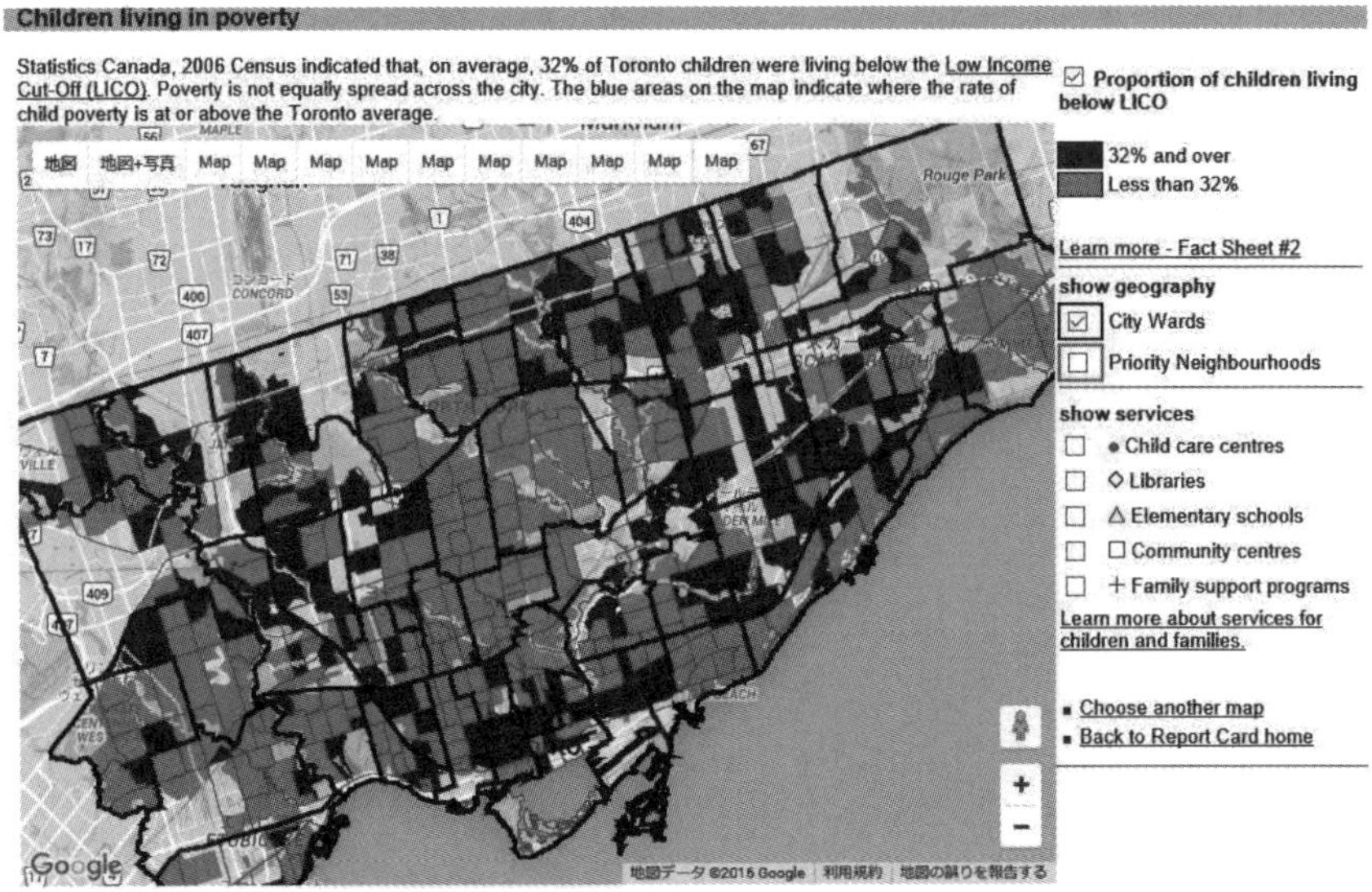

図2　子どもがいる貧困世帯の居住地域

ワード内に居住する子育て世帯の情報が分かるようになっています。

例えば図2は、ワード境界線を太い実線で記したうえで、各ワード内で子どもがいる世帯でかつ貧困世帯が32％以上居住するエリアを紫色で示し、32％以下のエリアを黄緑色で示しています。

こうすることでワードから選出された市議会議員は、自分のワードの課題を直視し、その解決に尽力しなければなりませんし、トロント市議会としてどのワードにサービスを重点的に投入しないといけないのか把握することができます。子どもと家庭そして地域が一目瞭然であることは、地域間の格差を浮き彫りにさせますし、子どもを取り巻く環境に介入しなければならない要因を明瞭にします。子育てに対してきめ細やかな支援をダイナミックに展開しようとするトロントは、客観的かつ分析的、そして時にコミュニティの実相をあらわにすることで、子どもと家庭のウェルビーイングに腐心してきたのでしょう。

例えば日本でも市町村レベルで子どもの貧困対策に取り組むときに、地域での所得層分布の実態を把握する調査も要るでしょう。こうした調査によって夜間保育や夕方から夜にかけての子どもの居場所づくりを優先的に考えていかなければならない地域も分かるでしょう。コミュニティの事実を直視する姿勢は日本も学ばなければならず、そこからコミュニティのニーズを見出すあり方をトロントは教えてくれています。

3、子ども・家庭支援政策の最新動向

こうして44のワードを基盤に、各ワード内の課題を明確にしながらサービスをつくり展開するというまちづくりを進めてきたトロントですが、現在でも増え続ける移民や難民へのサービスを拡大させていく必要性に迫られ、44のワードをさらに細かく区分する政策を打ち出すことに至ります。それが「Toronto Strong Neighbourhoods Strategy 2020（トロント市強固な地域戦略２０２０）」*という行動計画です。

その理念は、不公平や不公正があるコミュニティの格差を取り除き、コミュニティの平等を築くことです。この行動計画は２００５年から構想に着手し、２０１４年に市議会で可決

＊ http://www1.toronto.ca/wps/portal/contentonly?vgnextoid=42653745ba9a9410VgnVCM10000071d60f89RCRD

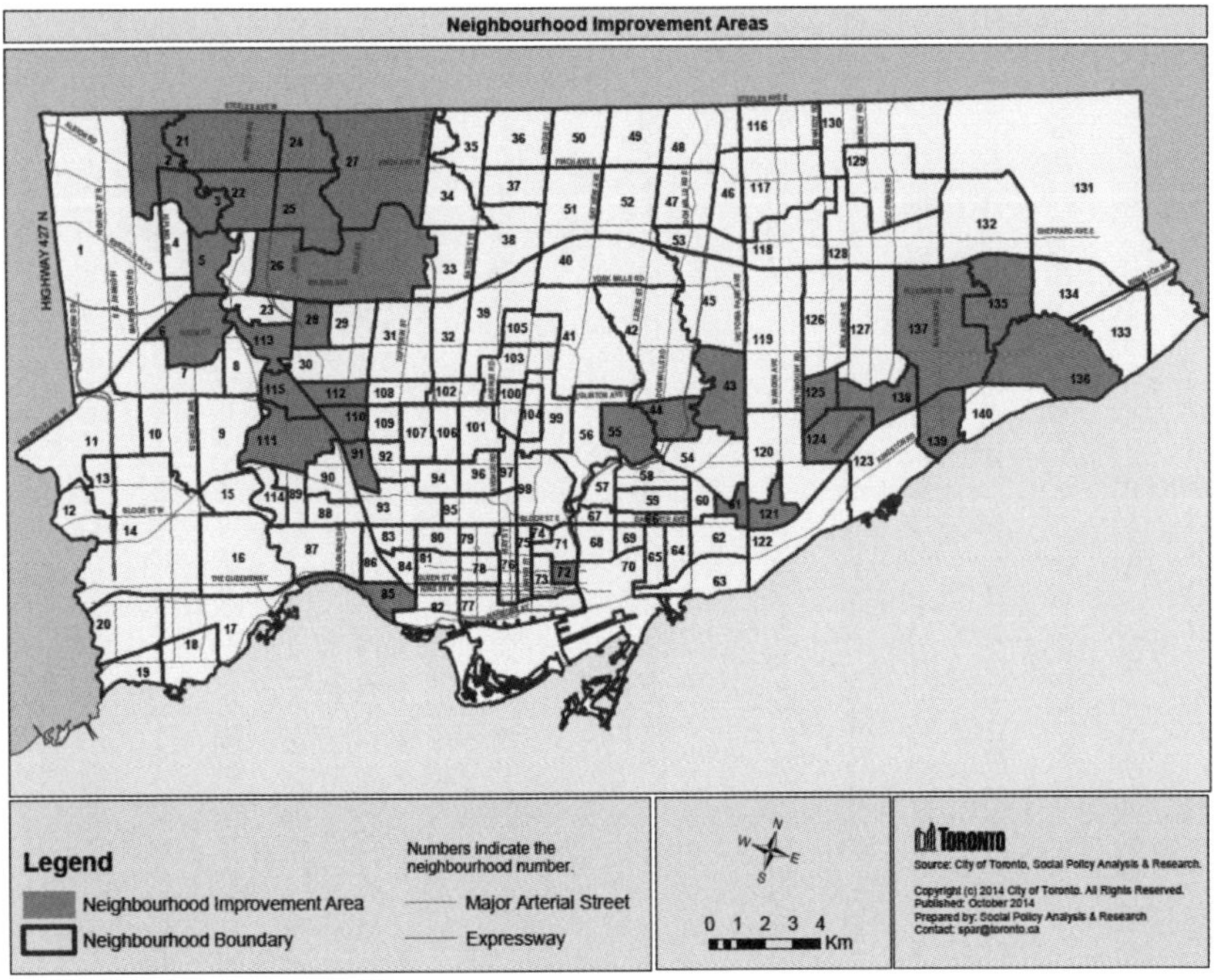

図3　31か所のネイバーフッド・インプルーブメント・エリア

され、２０１５年から実施されました。その際、１４０ものneighbourhoods（ネイバーフッド）に分けられ、さらに、とりわけ今後5年間で重点的にサービスを改善、開発していかなければならない31のNeighbourhood Improvement Areas（ネイバーフッド・インプルーブメントエリア）が市議会によって指定され、行動計画に位置付けられています。指定された31のエリアは、図3で色づけられたエリアです。

トロント市内のワード間で開いた所得格差を筆頭に、乳幼児保育などの各種サービスへのアクセスの困難さ、所得の不安定さ、健康上の問題、社会的孤立などが浮き彫りとなりました。限られたトロント市予算でのサービス開発の最優先性をはかるにはどうすべきか練られた結果、より地域を細やかに分けてプロットし、必要なエリアに必要なサービスを投入する行動計画を採ったわけです。

4、行動計画に位置づけられたコミュニティハブ

この行動計画は、2015年を初年度として、ネイバーフッド・インプルーブメントエリアにサービスを重点的に整備していく戦略です。なかでも、コミュニティの基盤として、①コミュニティハブ、②コミュニティキッチン、③スポーツ施設、④若者対象とした専用スペース、⑤文化施設、⑥その他各種施設を整備する方針を示しています。

選定された31のエリアでは今後、住民、市議会議員、コミュニティの各団体や施設、市職員と定期的な会議をもちながら必要なサービスを考え、この行動計画にフィードバックするサイクルをもちます。具体的な内容はまさにこれからです。市の行動計画として大きな枠組みを示しつつも、具体的なサービスはコミュニティにかかわる当事者たちが集まって話し合い考えるという機会は、コミュニティに現存する課題に立ち向かう意思決定にダイレクトにつながるため、課題を主体的に解決しようとするコミュニティの自治を育てようとしていま

す。

また、保育や子育て支援のサービスを展開するトロント市子どもサービス課も、行動計画とともに、そのエリアにおいて必要な保育や子育て支援のサービスを包括的に提供する方針を、「Toronto Children's Services service plan 2015-2019（トロント市子どもサービス課サービス計画2015～2019年）」*で示しています。具体的には、オンタリオ州が示した「Ontario Early Years Child and Family Centres」を、コミュニティハブとして31のエリアでまず展開していくこととなります。

保育や子育て支援も含んでまちづくりの転換期を迎えたトロント市は、コミュニティの姿を統計で明らかにしながらも、コミュニティの実態を基盤に据えたまちづくりを住民とともに歩もうとする段階にきています。

＊ http://www1.toronto.ca/wps/portal/contentonly?vgnextoid=8061bcd1c88f3410VgnVCM10000071d60f89RCRD

第3章　日本の地域子ども家庭支援拠点と子どもアドボカシー

ここまで、カナダ・オンタリオ州とトロント市の動向を紹介してきましたが、わが国にもコミュニティハブと子どもアドボカシーをめざす出発点に立つ重要な改革がありました。ここで簡単にふれておきたいと思います。

２０１６年5月27日、わが国は児童福祉における歴史的転換点に立ちました。第１９０回国会に提出されていた児童福祉法等の一部を改正する法律案は、参議院において全会一致で採決、可決され、6月3日に公布されたのです。児童福祉法の一部を改正する法律案は、改正児童福祉法となり、今後のわが国の児童福祉を規定します。その内容をみてみます。

第1条　全て児童は、児童の権利に関する条約の精神にのっとり、適切に養育されること、その生活を保障されること、愛され、保護されること、その心身の健やかな成長及び発達並びにその自立が図られることその他の福祉を等しく保障される権利を有する。

改正児童福祉法には、その冒頭に、児童の権利に関する条約（以下、子どもの権利条約）の精神に立って、子どもは適切に養育される権利、生活を保障される権利、愛され保護される権利、成長・発達並びに自立への権利、その他の福祉を等しく保障される権利をもつ、と明確に規定されました。

これは、児童福祉研究・実践者の長年の希望でもありました。1994年5月22日に子どもの権利条約が日本で発効されるその4年も前から、法学者の荒牧重人氏らによって、子どもの権利条約の批准にあたって現行の国内法を照らし合わせ、子どもの権利保障のための法整備をする必要性が指摘されていました。*

また、筆者らが翻訳した国連・子どもの権利委員会による一般的見解第7号「乳幼児期の子どもの権利」では、出生から8歳までを子どもの権利の実現にとって最も重要な時期（原文：critical period）と提起し、乳幼児期の子どもたちにとって、子どもの権利条約が全面的に適用されるべきであることを指摘していました。その権利を実現するために必要な注意を払ってこなかった締約国の実態をふまえて、国連が見解を示したものでした。**

こうした背景をふまえ、幾年かの歳月を経て、わが国の児童福祉法に子どもの権利が今、位置づいたことになります。

＊永井憲一・寺脇隆夫編『解説子どもの権利条約第2版』日本評論社、1990年

＊＊望月彰・米田あか里・畑千鶴乃「国連・子どもの権利委員会による『一般的見解』第7号乳幼児期の子どもの権利」『保育の研究』21、保育研究所、2006年

1、改正児童福祉法と「地域子ども家庭支援拠点」

児童福祉法の総則に子どもの権利を謳ったことを皮切りに、子どもと家庭への支援拠点の設置が求められています。改正児童福祉法は、以下のように規定しています。

第10条の2　市町村は、前条第1項各号に掲げる業務を行うに当たり、児童及び妊産婦の福祉に関し、実情の把握、情報の提供、相談、調査、指導、関係機関との連絡調整その他の必要な支援を行うための拠点の整備に努めなければならない。

前条第1項に掲げる業務とは、第10条1項1号から3号を示している。

一　児童及び妊産婦の福祉に関し、必要な実情の把握に努めること。

二　児童及び妊産婦の福祉に関し、必要な情報の提供を行うこと。

三　児童及び妊産婦の福祉に関し、家庭その他からの相談に応ずること並びに必要な調査及び指導を行うこと並びにこれらに付随する業務を行うこと。

残念ながら今般の児童福祉法改正では、第10条の2で子どもと家庭への支援拠点整備の努力義務を課した点のみにとどまるものとなりました。しかし、児童福祉法改正の道筋をつけた社会保障審議会児童部会「新たな子ども家庭福祉のあり方に関する専門委員会」では、2

016年3月10日に公表した報告書（提言）のなかで、子どもと家庭への支援拠点の設置を明確に求めていました。本書の内容と関連させると、報告書の指摘はきわめて重要な示唆であると思います。以下、報告書の内容を引用します。

（2）市区町村における地域子ども家庭支援拠点の整備

子ども家庭への支援は身近な場所で行われる必要があり、そのためには市区町村に支援の拠点を整備する必要がある。現在、東京都の特別区と市などに設置されている子ども家庭支援センターやその他の市町における類似のセンターが、そのモデルとなり得る。また、一つの方法として、既存の児童家庭支援センターを参考に、市区町村における支援拠点のあり方を検討することが考えられる。

この拠点では、前記のとおり、一般の子ども家庭相談支援から子ども虐待事例の在宅支援までを担うとともに、要保護児童対策調整機関となり、子ども子育て支援事業を行うべきである。規模の大きな自治体では、一般の相談と虐待対応のセクションを分けることも有効と考えられる。同自治体内の保健センター等と協力し、分かりやすいワンストップの窓口機能も担うことが求められる。民間との連携や事業委託を積極的に行うことも求められる。

この地域子ども家庭支援拠点が適切に機能するためには、ソーシャルワーカーや保健師の配置が必要となる。市区町村の規模により実情が異なることから、国及び都道府県は財政的・人的資源の充実に積極的に関与して、その基盤整備を行う。自治体の規模によっては、複数の自治体が合同で拠点を設けることができるような配慮も必要である。
なお、地域子ども家庭支援拠点については、利用者支援事業等既存の子ども子育て支援施策との整理を明確にする必要があるといった意見もあった。

報告書で述べられている「地域子ども家庭支援拠点」は、本書が紹介するカナダ・オンタリオ州のコミュニティハブの一部であると言ってよいでしょう。しかし、残念ながら報告書が言う「地域子ども家庭支援拠点」は、子ども虐待への早期発見、早期対応の域を超えていません。本書が述べているように、コミュニティハブは子育ての心配な家庭に向けて地域レベルで必要なサービスを届ける拠点であり、コミュニティのニーズに合わせて支援内容は多岐にわたります。報告書が示した「地域子ども家庭支援拠点」は、今後、議論を続けながら、地域に根ざした包括的な支援を提供できる拠点として、設置の義務化を求めていく必要があると言えます。

2、付帯決議に入った「子どもアドボカシー」

児童福祉法を改正する際に示された付帯決議では、「一、自分から声を上げられない子どもの権利を保障するため、子どもの権利擁護に係る第三者機関の設置を含めた実効的な方策を検討すること」と、子どもアドボカシー事務所の設置に向けて、手立てを考えるよう求めています。

これは、先述の「新たな子ども家庭福祉のあり方に関する専門委員会」が示した報告書のなかで提言され、それを受ける形で児童福祉法を改正するにあたり付帯決議に盛り込まれたという背景をもっています。こちらもわが国の子どもアドボカシーシステム構想を方向づける重要な指摘であるため、以下に内容を引用します。

4、子どもの権利擁護に関する仕組み

本報告では、子ども家庭福祉に子どもの権利保障を明記することを打ち出しており、自分から声をあげられない子どもの権利が確かに保障されているかを監視するためには、第三者性を有する機関の設置が求められる。子ども家庭福祉の現場において、児童相談所の一時保護や措置に対して親は争う手段を持つが、子どもにとってその手段はほとんどない状態であり、子ども自身もしくはその声を代弁しようとする関係機関の意見が適切に反映されずに危険に陥っている事例も、少なからず存在する。その点は国の死亡事例検証の報告書においても明らかになっている。国連子どもの権利委員会は、過去三度にわたり、わが国に対しパリ原則に沿った監視機関の設置を勧告してきた。わが国では地方自治体レベルでは子どもオンブズマンなどの設置が見られるが、国レベルでは未だそのような機関の設置がなされておらず、そのような第三者機関の設置は急務であると考えられる。

しかしながら、国レベルで子どもの権利擁護のための第三者機関を設置しようとすると、省庁横断的な協議を積み重ねる必要があるものと思われ、一朝一夕に実現できるものではない。そこで、ここでは子ども福祉に限定した子どもの権利擁護の仕組みを構想することとした。また、本来は独立した第三者機関を設置するべきであるが、子ども福祉に限定してもなお、かかる機関の設置には時間を要すると思われるため、当座、現存する都道府県児童福祉審議会を活用し、子どもの権利擁護の役割を負わせることを構想した（以下、この機能を「子どもの権利擁護機能」という。）。

審議会のうち子どもの権利擁護機能を担当する部門は、特に子ども福祉に精通した専門家であり、公正な判断をすることができる者で構成される必要がある。審議会は、子どもや当該都道府県内の要保護児童対策地域協議会の関係機関などからの申入れを契機とし、職権で審議すべきケースを取り上げることができるものとする。審議の対象は、当該都道府県の機関の個別ケースに関する対応や措置、子ども福祉に関係する機関のあり方等を含み、個別ケースについて調査審議を行う際には、当該個別ケースに利害関係を有する者が調査審議に加わらないこととする。また、審議の結果、必要があれば、助言あるいは勧告を行うことができ、審議のために必要があるときは、新たに関係者から報告を求めることができるものとする。既存の組織である児童福祉審議会による子どもの権利擁護を構想したが、最終的には、子どもの権利に係る他の分野（教育、少年非行など）を含む、総合的な子どもの権利擁護に係る第三者機関を設置することを目指すべきである。

この流れを受けて、さっそく国レベルでも「新たな社会的養育の在り方に関する検討会」の第14回目に、子どもの権利擁護に関する先駆的な取り組みが紹介されています*。兵庫県川西市子どもの人権オンブズパーソンや、子どもの権利救済機関・子どもアシストセンターなどです。日本各地には先駆的な取り組みの萌芽があり、こうした活動に関する研究もあります。国レベルでみれば、子どもアドボカシーの仕組みづくりにやっと着手、動き始めた段階だと言えるでしょう。

国での検討会での議論では、直ちに実施すべき事項として、子どもの権利擁護に関する仕組みを創設するために、都道府県児童福祉審議会を活用する方向性を打ち出しました。確かに都道府県児童福祉審議会は、圏内の児童福祉サービスにおける援助の妥当性について公正に判断する権限をもっています。

しかし、本書で述べている子どもアドボカシーとは、子どもと対等な関係をつくり、子どもが抱えている問題や課題を権利侵害と自覚できるように支え、解決できる糸口を子どもと一緒に探し出す仕組みとそれをしてくれる大人の存在であり、子どもの問題や課題を中立的に判断する日本の都道府県児童福祉審議会とは全く異質なものです。審議会にアドボカシー機能を求めることは物理的に無理があると言わざるを得ません。

子どもアドボカシーとは、地域に基盤をもち、子どもが地域で自分の権利を主張して、自分の権利を実現していくプロセスに、子どもの立場に立ち切って寄り添うことにありました。目指されるべきは、子どもの権利を基盤とした文化を地域で創造することでした。その

＊「第14回新たな社会的養育の在り方に関する検討会」雇用均等・児童家庭局家庭福祉課、平成29年5月26日 http://www.mhlw.go.jp/stf/shingi2/0000166124.html

中核にコミュニティハブは位置しています。コミュニティハブに子どもたちが集い、自分たちの課題を自覚して主張し、自分たちで解決できるよう、最後の砦としてアドボカシー事務所は地域に入って機能します。

わが国でも、子どもの権利擁護機能を既存の仕組みに入れ込むのではなく、子どもの権利を基盤とした文化を地域でつくる拠点として「子ども権利擁護機関」の設置を提案したいと思います。地域子ども家庭支援拠点の活躍なくして、子どもアドボカシーは成り立たないことは言うまでもありません。

3、地域子ども家庭支援拠点と子どもの権利擁護機関の共同への展望

これまで紹介してきたように、わが国もコミュニティハブと子どもアドボカシーを目指す出発点に立ちました。

子どもアドボカシーとは、地域に基盤をもち、子どもが地域で自分の権利を主張して、自分の権利を実現していくプロセスに、子どもの立場に立ち切って寄り添うことにありました。そのために、地域で「子どもの権利擁護機関」の新たな設置が求められ、同時に地域のあるべき姿として子どもの権利を基盤とした養育文化を地域で創造すること、その中核にコミュニティハブを位置付けることが求められています。

オンタリオ州政府の責任の下で社会的養護の支援を受けている（インケアの）子どもと若

者（ユース）は、コミュニティハブでのさまざまな支援や取り組みに参加し、地域で安心して生きていく術をそこで獲得し、そのプロセスでスタッフに信頼を寄せ、同時に仲間（ときには同志）を見つけていきます。インケアの子どもたちの親（実親であれ里親であれ）や施設の養育者も、コミュニティハブにあるさまざまな活動に参加し、子育てのみならず、この地域でよりよく暮らしていくための術を学び、スタッフとつながり、同時に同じ立場である仲間とつながり、楽しみも苦労も、時に困難も分かち合うことで、自分の暮らしを主体的に見つめています。

それでも、地域や家庭・施設でインケアの子どもたちの権利が侵害される事実があった時に、子どもたちは子どもアドボカシー事務所に相談することができます。そうすると、子どもアドボカシー事務所は、子どもの側に立ち切って、子どもの声を聴きながら、コミュニティハブにある時間・空間・仲間といったあらゆるリソースを活用して、子ども自身が自分の権利を自覚して主張し、自分たちで問題を解決できる力をつけていけるよう、地域に入って支えます。

コミュニティハブと子どもアドボカシーの共同は、子どもの権利を実現する地域をつくり、子どもの生きる場を地域につくる実践に他ならないのです。子どもの権利を基盤とした養育文化を創造するためには、コミュニティハブと子どもアドボカシーの共同を模索するプロセスのなかにあると言って過言ではありません。

第2部　コミュニティハブは子どもと家庭に支援をつなぐ地域の最前線

前章までは、オンタリオ州がなぜ数々のソーシャルサービスを統合し拠点化する必要を打ち出し、バーチャル化を図ろうとしているか、トロント市は州の政策をどのように展開しようとしているか、オンタリオ州子ども家庭支援の枠組みと模索のプロセスについて俯瞰してきました。

これまで述べてきたように、州や市が描いたロードマップをもとに、地域の子育て家庭に直接サービスをつなぐのはコミュニティハブです。州は「政策の推進は各自治体が独自の方法で」としており、トロント市は統計的手法により140エリアの地域特性の分析を通じて、重点エリアを選定してグランドデザインを描きましたが、現場でニーズを把握しサービスを開発するのはコミュニティの当事者たちです。コミュニティハブでは、地区の実相に目を向けるだけでなく、社会的不利や不公平を受けやすい住民の声なき声をすくい取り、いかに支援を届けるか、ハブごとに試行錯誤しています。本章ではそのようなコミュニティハブの実際の姿を紹介します。

トロント市は1960年代に人種別移民受入政策が撤廃されてから世界中から人びとを受け入れ、今も多くの移民や難民を受け入れています。市内各所にチャイナ、イタリー、インディア、グリーク、コリアン、ジャマイカはじめ、さまざまなエスニックタウンが形成されています。現在、トロント市はカナダ以外で生まれた住民が半数近くを占め、世界で最も多様性に富む都市になっています。この多様性こそトロントの魅力と強みですが、一方で、移民、難民、先住民の二世や三世の貧困、つまり貧困の連鎖と格差が顕在化しています。

本書で紹介する事例は、数多くのコミュニティハブのなかでもとりわけ社会的不利や貧困の問題に向き合い、支援が届きにくい子育て家庭にサービスをつなげる先駆的なハブばかりです。とはいえ、紹介するトロント市の4つのハブは、成り立ちも現在の姿もそれぞれに異なり、地区の特徴とそれに応じた取り組みが見て取れます。また、トロント市の他にハミルトン市の事例も紹介します。ハミルトン市は、オンタリオ州が推進するベストスタートのコンセプトモデル都市で、州が打ち出した幼児教育と学校教育との円滑な接続を実現するため、市内を5つのエリアに分けて推進拠点を整備し、サービスを統合しました。人口約50万人のハミルトン市は、大都市トロントとは異なる手法で子ども家庭サービスを提供し、最も子育てしやすい都市を目指しています。

私たちは数回にわたり各ハブを訪問し、地区を歩き、担当者に話を聞いてきました。できるだけコミュニティハブの姿を具体的に伝えられるよう、ハブがカバーする地区の特徴*、ハブの設置経緯と概要、提供するプログラム**を紹介します。

そして最後に、コミュニティハブがどのような施設に設置され、施設内はどのような空間か、インテリアや室内の様子について触れます。建物やインテリアに言及するのは、私たちが訪問を進めるなかで、ハブのスタッフや行政担当者等が、プログラムを安心して受けられるための空間づくりがいかに重要かを示し、プログラムだけでなく建物や部屋のデザインにも力を注いでいたからです。おそらく日本では、一部の高齢者施設や児童、障害者福祉施設を除き、最も目が向けられていない部分と思われます。施設の見取り図と写真はその一助と

＊地区の特徴は、カナダの国勢調査（2011年度）をもとに、ワード別に人口、家族構成、母国語、収入、教育水準などを示すスコアがワードプロファイルとしてトロント市のホームページに掲載されている。地区の基礎データおよび特徴はワードプロファイルのデータを参照している。

＊＊コミュニティハブではシーズンごとにプログラムが変わり、ニーズ調査やプログラム効果の点検により、常にプログラムの見直しを図っている。本書に掲載したプログラムは2016年秋時点のものである。

なることを願っています。

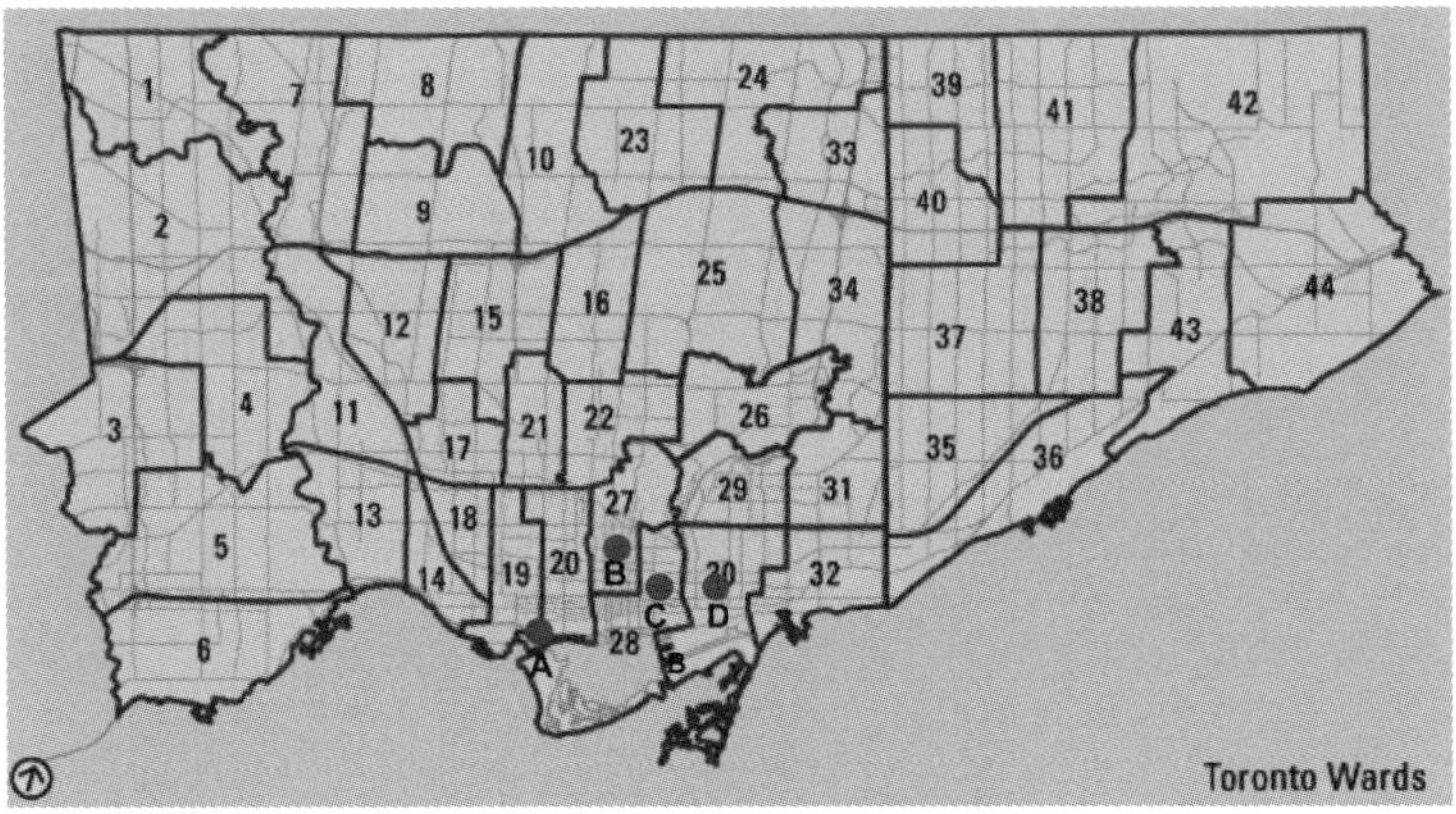

出典：City of Toronto HP

A	Waterfront Neighborhood Centre	Word 20
B	519 Centre	Word 27
C	Reagent Park	Word 28
D	Blake.st Public School & Eastview Neighbourhood Community Centre	Word 30

図１　第２部で紹介するトロント市のコミュニティハブ

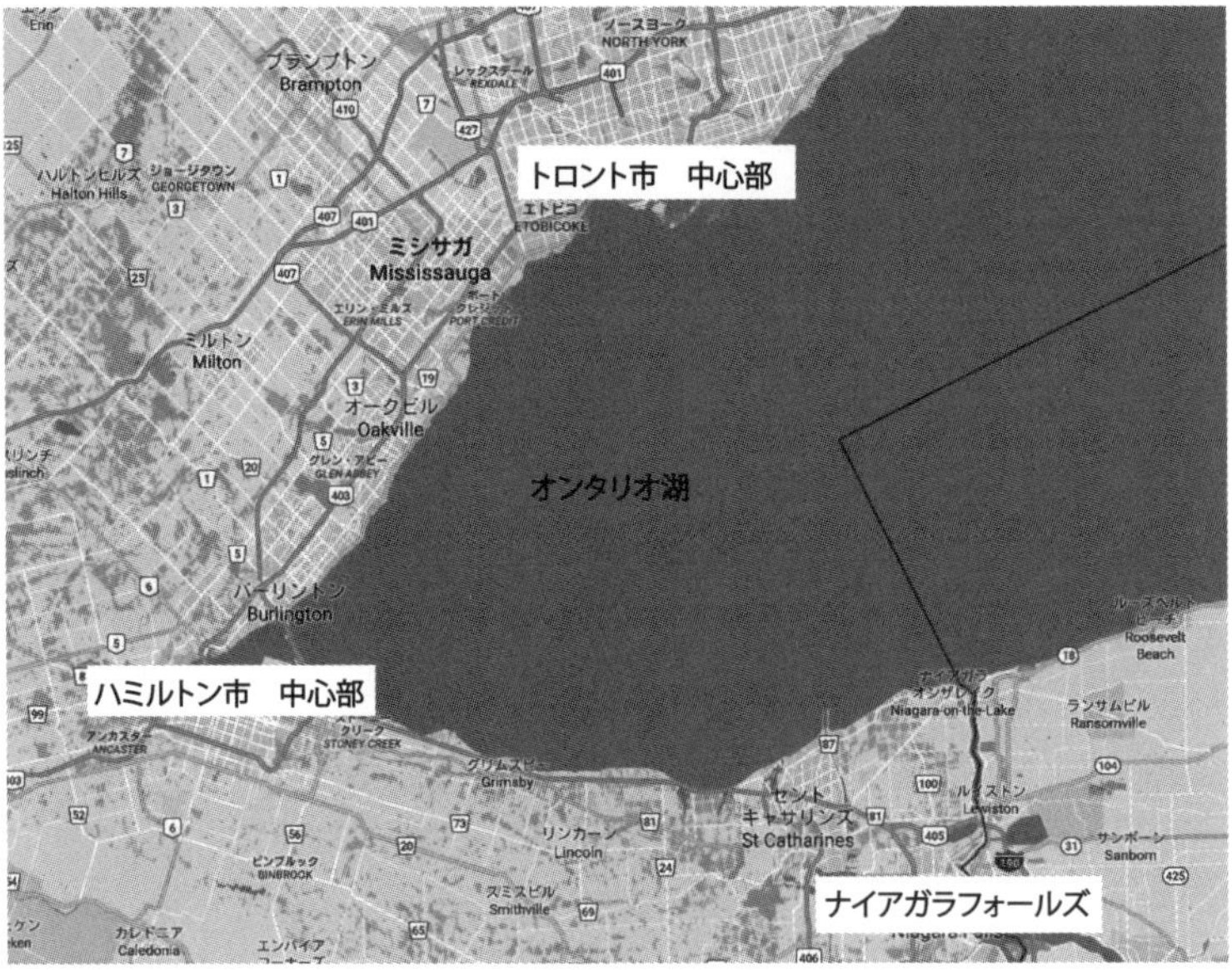

図２　トロント市とハミルトン市の位置図

1 人口急増にともない新旧住民が混在する地区 ウォーターフロント・ネイバーフッドセンター

【地区の基礎データ（2011年国勢調査）】ワード：20、人口76600人、41165世帯、平均年齢33歳。

(1) ハーバーフロント地区の特徴

ウォーターフロント・ネイバーフッドセンター（旧ハーバーフロント・コミュニティセンターより2016年5月名称変更）が建つハーバーフロント地区は、トロント市の玄関口である中央駅に近く、オンタリオ湖に面する湾岸部に位置します。かつて埋め立ての工業用地であったこの地区は、1970年代後半から1990年代にウォーターフロントの開発で住宅や商業施設が建設されてきました。開発当初、地区の公営住宅には低所得層が多く、若者による犯罪も多発し、治安の悪い地区として知られていました。ところが、2010年頃からオリンピック誘致用に整備された大規模用地に民間コンドミニアムの建設ラッシュが起こり、湖岸には公園、遊歩道、商業・文化施設が整備され、湾岸道路沿いには民間の高層住宅が林立する新しいまちに変貌しました。日本と同様にトロントにおいても、子どもができると都心部から郊外の庭付き一戸建てに転居するのが一般的でしたが、近年は都心部に住み続

コンドミニアムが建ち並ぶハーバーフロントのまちなみ

ける人が増加し、ハーバーフロントは比較的所得の高い若い世代で人気が高まっています。ここ数年はベビーブームも起き、成長率450％の人口急増地区となっています。しかしながら、従来の公営住宅には低所得層が多く、子育て世帯のなかでも新旧住民間の格差が広がっています。

(2) コミュニティハブの概要

ウォーターフロント・ネイバーフッドセンター（以下、WNC）は、1970年代後半、地区の若者たちによる犯罪に危機感を募らせた住民たちが、彼らのやり場のないエネルギーをスポーツや音楽などの活動に向けられるよう、居場所づくりをめざしたことに始まります。住民たちは市に働きかけ、1991年、ついに市と共同でハーバーフロント・コミュニティセンターをオープンしました。オープン当初はプログラムが2つ、ディレクターも1〜2人の小さなコミュニティセンターでしたが、地区のニーズに応えながら25年間で大きく成長し、現在は乳幼児から高齢者まで、アウトリーチも含めて多彩なプログラムを展開するトロントの代表的なコミュニティハブになっています。

WNCは急成長する地区のハブとして、絶え間なく変化するニーズに応えるために、地区のすべての人がアクセスしやすく、生活の質が向上することをミッションに掲げています。そして、社会から疎外されたコミュニティメンバーやハイリスクなメンバーに目を配り、声をすくい上げることをビジョンとしています。

湖岸に建つウォーターフロント・ネイバーフッドセンター

（3）WNCの運営体制

WNCは、設立当時の住民組織を母体とする非営利組織（以下、NPO）が運営し、建物はトロント市パークス&リクリエーション部門が所管する公設民営型です。WNC理事会は、ボランティア役員8名、常任理事20名、任期は4年で、トロント市アソシエーション・オブ・コミュニティセンター（AOCCs）*のボランティアメンバーです。

WNCは、トロント市パークス&リクリエーション部門のパートナー・エージェンシーにも加盟し、市の主要なパートナーとして、ハブとハブをつなぐ役割も果たしています。運営資金は「2014・年間レポート」によると、カナダ政府（130、689カナダドル、以下C$と表記）、州政府（59、409C$）、トロント市（120、350C$）、その他基金（26、053C$）による助成金の合計が336、501C$。寄付（60、317C$）、年会費・プログラム参加費（171、973C$）、会議室等のレンタル料（118、904C$）、その他（11、099C$）で、年間予算が698、804C$です。支出のほとんどが人件費で、その他に物品購入、サービスの購入などが挙がっています。

運営スタッフはフルタイムが11名在籍し（2016年3月時点）、市の予算から給与が支給される公務員の待遇です。フルタイムの職員は有資格の専門家ではなく、プログラムのマネジメントを行う責任者（マネージャー）で、分野別に担当が決まっています。プログラムを直接運営するのはパートタイムの職員で、その多くは大学生ですが、日本の学生アルバイ

*AOCCs　地区のあらゆる住民に対して、多様で幅広いサービス、サポート、アクティビティを提供するトロント市のコミュニティセンターによる運営協会である。非営利組織10団体で構成され、メンバーのコミュニティセンターは、市が主な維持管理費を提供し、各プログラムはコミュニティセンターが独自に助成金、寄付、参加費など財源を確保して運営している。AOCCsは地域に密着したコミュニティセンターの運営をサポートする新しい形のトロント市の組織である。

トとは違い、専攻分野に応じてプログラムごとに雇用され、現在は約１００ポジションあります。

マネージャーの主な仕事は、担当する分野の多数のプログラムについて、パートタイムの監督と人事、トラブルへの対応、プログラムのチェック、パートナー・エージェンシーとの情報交換、新規プログラムの開発、助成金の獲得、広報などです。その他に、実際にプログラムに参加し、課題のありそうな家庭や子どもに目を配り、個別に声をかけたり相談に応じたりします。また、マネージャーはカバーする地区（ワード20）の動向とニーズ把握に注力し、新たなプログラムが必要と判断すればプログラムを企画し、助成金を獲得し、提供できるように迅速に動きます。当地区は人口増加、新旧の住民によるニーズの多様化が急速に進んでいるため、マネージャーは常に地区の動向をリサーチし、プログラムの点検と見直しを図っています。

マネージャーは、センターのマネジメントだけでなく、ＡＯＣＣｓやパートナー・エージェンシーとのネットワーク会議、センター長会議、マネージャー間の交流を通じてトロント市内のさまざまな団体との連携強化にも努めています。例えば、イベントの共同開催や他のコミュニティハブのプログラム紹介にとどまらず、ニーズのある住民にＷＮＣでは適切なプログラムが提供できない場合は他のハブにつなぎケアを継続するなど、連携強化によるサポートの向上を図っています。

大きな壁画が人々の目を魅く

ウォーターフロント・ネイバーフッドセンターの入口。モダンな壁画が目印。

(4) WNCのプログラム

WNCで提供するプログラムは、ファミリー（0～6歳）、チルドレン（7～11歳）、ユース（12～24歳）、シニア（60歳以上）、スポーツとリクリエーション（19歳以上）、自主企画の6分野にわたり数多くのプログラムを提供しています。分野別のプログラムは次のとおりです（2016年秋、http://waterfrontnc.ca/ より抜粋）。

■ファミリー（0～6歳）
・ベイビー&ミーリテラシー（オンタリオ州アーリーイヤーセンターが提供）
・ベイビードロップイン、ファミリードロップイン、イブニングドロップイン
・親と子のヨガ、チルドレンサッカー、チルドレンダンス
・こどものためのミュージカルシアター
・プレキンダーガーデンプログラム
・祖父母の集まりなど、計42プログラム。

■チルドレン（7～12歳）
・アフタースクール
・アニメーション
・バレエ、バスケットボール、ヒップホップ、空手
・フードガーデン、ガーデニングワークショップ

中庭に面したエントランス・ロビー

ロビーで受付をする親子連れ

・ボーイズミーツワールド、ガールズミーツワールドなど、計30プログラム。

■ユース（12〜24歳）

・ボーイズクラブ、ガールズクラブ
・フライデーファンナイト
・ゲットジョブフォーユース
・ホームワークヘルプ
・ユースドロップイン
・ユースクッキング
・スポーツなど、計19プログラム。

■シニア（60歳以上）

・アダルト&シニアコミュニティキッチン
・アフタヌーンティーサロン
・ブッククラブ
・フードガーデン
・フィットネス、ヨガ、パソコン教室など、計33プログラム。

■スポーツとリクリエーション（19歳以上）

・ラテンサルサ、ヒップホップ
・フィットネスなど、計28プログラム。

アートやメッセージが掲げられた通路

■コミュニティプログラム（コミュニティの自主企画）
・栄養に関するワークショップ、相談
・サポートの紹介サービス（住宅、デイケア、助成金、フードアクセス、法律など）
・オーガニック菜園、計3プログラム。

0～6歳対象のファミリープログラムでは、親子の交流や情報交換を目的としたドロップイン*、音楽やスポーツなどのアクティビティ、祖父母の集まりのほか、オンタリオ州アーリーイヤーセンター**が提供するベイビー&ミーというプログラムがあります。

このプログラムは、オンタリオ州教育省が推進する教育改革に基づき、すべての子どもが能力を最大限に発揮し自信をもって生きていけるように、乳幼児期から子どもと家庭を支える取り組みです。家庭に対しては、親の役割や子育てのリテラシーを学び、ハイリスクな家庭には虐待防止プログラム（CAPC）のワークショップを実施します。子どもの健康に関するプログラムでは、実際に食事を提供して調理を行い、栄養のある食事とは何かを学びます。ユースは心身の発達に応じてトゥイーンズ（Tweens・8～12歳）、ティーンズ（Teens・13～19歳）、それ以上の年代など対象グループが多様で、スポーツ、料理、芸術活動などが催されています。シニアは音楽、ヨガ、パソコン教室のほか、食事を持ち寄り、ランチを食べながら新しい人との出会いをつくるものやお茶会など交流促進が多くみられます。

出産前のプログラムはWNCが直接提供するのではなく、トロント市保健局にスペースを

＊ドロップイン　日本では地域子育て支援事業ひろば型のモデルとして知られ、子どもをあそばせながら気軽に相談や交流する場を提供するプログラムである。カナダでは乳幼児に限らず、ユースからシニアまで、さまざまな形のドロップインがある。

＊＊オンタリオ州アーリーイヤーセンター　すべての子どもが健やかに育ち、能力を最大限に発揮し自信をもって生きていけるように乳幼児期から子どもの育ちと学びを支える、オンタリオ州教育省の取り組み。子ども、家庭、教育者を核に、さまざまな活動や学びの場を提供し、子どもの力を引き出していく。同時に、家庭に対しては親業や子育てを学ぶワークショップやプ

貸し出し、担当保健師がセンターに来て妊婦の定期健診やワークショップを行います。WNCでは出産直後から新生児関連のプログラムを提供しているため、ハイリスクな妊婦、産後のうつやDVの疑いなどの情報は担当保健師と共有でき、気になるケースは保健局や専門病院に連絡します。また、マネージャーは専門機関に紹介するだけでなく、専門家をWNCに呼び、個別対応を行うこともあります。WNCでは、専門家による教室やワークショップ、相談の機会を設けることで、特にハイリスクな家庭が身近な場所でサービスにつながるよう、ネットワークを活かした柔軟な運営を行っています。

以上のようなWNCのプログラムは誰でも参加することができ、すべての住民に開かれています。但し、WNCがカバーするエリア（ワード20）の住民はゼネラルメンバーシップ（正会員）、エリア外の住民はアソシエイトメンバーシップ（準会員）で、年会費が5ドルから12ドルと違ってきます。プログラムへの参加は有料から無料までありますが、会員登録するとほとんどが無料となり、センターの会議室も利用できるなど特典があります。

ログラムをとおして親のエンパワメントを図っていく。地区によっては、ファミリーリテラシーの一環で虐待防止や療育プログラムを実施し、これらのプログラムへの参加はほとんどが無料である。

(5) 貧困家庭に向けた工夫

これまで見てきたように、WNCは多彩なプログラムを提供していますが、なかでも、多文化プログラムとユースプログラムは当センターを代表する特徴的なプログラムです。ユースプログラムは前述のように、中学生から高校生を対象に、ドロップアウトしがちな彼・彼女等の力を引き出し、自信をつけていきます。そのためには、思春期特有の発達や個々の背景を考慮し、ティーンエイジャーをより細かなグループに分けて将来への準備を行います。訪問時点（2016年3月）では、さらにオンタリオ州とトロント市が打ち出した「ミドル・チャイルドフッド・マターズ」*という児童期から青少年期への健全な育ちを保障する学校以外でのプログラム開発に取り組み、貧困家庭の子どもに対するサポートの重要性や生活の質的改善を研究者等に周知する活動を始めています。

もともとWNCは、教育や就業機会など社会的不利をもつ若者の居場所として創設され、設立当初から積み上げたユースプログラムの実績は豊富です。この実績と効果の検証に基づき、実践の立場から子どもの貧困を撲滅する活動を積極的に展開しています。

また、WNCでは経済的理由でプログラムに参加できないという不利を無くすため、参加費用にも工夫がみられます。プログラムの参加費用は100C$を越えるものからフリー（無料）まで設定されていますが、低所得層やニーズのある人に向けたプログラムはほとんどが無料、または低料金に抑えられ、ユースプログラムはすべて無料です。たとえ有料であっても、参加費ではなく寄付という形とし、支払えない人も参加できるようにしています。子育て家庭向けのドロップイン、アーリーイヤーセンターが提供するプログラムは無料で、ユニバーサルなソーシャルサービスとして力を入れています。

ひとり親家庭に向けたプログラムも充実しており、ポジティブな躾の仕方、親の就職に向けたトレーニング、ディナーも定期的に開催し、現在16名の親と32名の子どもが参加しています。さらに、経済的理由や何らかの理由でプログラムが継続できない場合でも、職員は家

*ミドル・チャイルドフッド・マターズ（Middle Childhood Matters）　6～12歳の児童期は、学校教育を除き、この時期に特化した政策がほとんどなく、乳幼児期に比べて公共サービスが手薄であると指摘されてきた。トロント市は、青少年が非行や犯罪に巻き込まれず、青年から成人へと移行し大きく成長するライフステージに焦点を当て、この時期の青少年の育ちに社会的投資をすべきという認識のもと、学校以外でのケアの質的向上を図る「Middle Childhood Matters」を打ち出した。トロント市はその中核に放課後プログラムを据え、すべての子どもが質の高い放課後ケアにアクセスできるようプログラムを推進している。

庭とコンタクトを取り続け、他の無料プログラムにつなげるなど、孤立させない工夫も行っています。これらの工夫は数多くのプログラムを運営しているからこそ可能と言えますが、逆に、どのような事情や状況であっても、必要なサービスにつながるよう、常に多くのプログラムを準備しているのです。

(6) ハブの建物と室内空間

WNCは、湖岸に建つ赤レンガ色の建物で、オンタリオ湖をバックに遠方からでもよく映えます。外壁には大きな壁画が施され、公共建築に見えないカジュアルな印象です。この建物は1階にWNCとチャイルドケア、上階に小学校と高等学校が入り、複数の用途が1つの建物に入る複合建築です。1階中央部には体育館があり、体育館は学校の授業で使用する時もあれば、WNCのプログラムで使用する時もあり、全施設でシェアしています。ガラス張りの体育館はWNCのカフェからよく見渡すことができ、カフェでお茶を飲んでいる人びとの視線の先にはバスケットボールをする高校生の姿があるなど、地域で自然な交流が生まれる空間になっています。外に出るとオンタリオ湖に面した広場が広がり、気候のいい時期はイベントやさまざまなプログラムで利用されます。

体育館を含めたWNCの床面積は4300スクエアフィート（約430㎡）あります。諸室は（図3）、レセプション（受付・案内）、中会議室1、小会議室3、キッチン、ウェイト

中庭と体育館に面したカフェは、地区の人びとでにぎわう

学童保育室1

トレーニングルーム、ユースルーム、学童保育室、ファミリーサポートルーム、ダンススタジオがあり、中庭に面してスナックバーとカフェがあります。各室の使い方は、学童保育室、ユースルームはその名のとおり、ファミリーサポートルームはファミリーやチャイルド分野のプログラムで使用しています。ダンススタジオは乳幼児のアクティビティや健診、シニアのレクリエーションまで幅広いプログラムで使用し、会議室も各分野のプログラムや住民の集まりで使用しています。4室ある会議室は、レンタルルームとして外部の団体や大学に貸し出し、収入源にもなっています。その他にキッチンが2か所あり、1つは学童保育室とファミリーサポートルームの間にある家庭用キッチン、もう1つはレストランの厨房のような独立キッチンです。前者は学童保育のおやつの準備だけでなく、ドロップインやアーリーイヤーセンター主催の子どもの栄養を学ぶプログラムにも利用します。後者のキッチンは規模が大きく10人以上収容できるため、職員がセンターで提供する食事の準備に利用するほか、ユースキッチンなど料理を採り入れたプログラムで利用します。このように、WNCのキッチンは裏方スペースではなく、参加者が料理を通してコミュニケーションをとり、自信を育むきっかけとなる重要なスペースなのです。廊下も単に通行やベビーカー置き場に使われるだけでなく、ソファー、観葉植物、絵本などを置くことによって、プログラムを待つ人びとの交流を誘発しています。訪問時には親子のヨガに参加するお母さんたちがソファーに座っておしゃべりする姿が見られました。

建物のインテリアは、コンクリートブロック壁と天井の高い開放的な空間に、絵やポス

学童保育室2

ユースルーム［ビリヤード台のある部屋］

ターが随所に掲げられたモダンな内装です。エントランスの扉を開けると中庭から光が降り注ぐウェルカムなロビーが広がり、正面モニターには本日のイベントが電光掲示されています。各室の仕様をみると、ファミリーサポートルーム、学童保育室、ダンススタジオの床は座ったり寝転んだりできるようにフローリングで、壁はコンクリート、家具は木を使ったナチュラルな設えです。一方、ユースルームは、コンクリート壁にグリーンやイエロー、天井にはターコイズブルーのビビッドなカラーが塗装され、大きな壁面には若者たちが描いた絵画、ミュージシャンのポートレートが掛けられています。ユースルームは2つに間仕切られ、1室はビリヤード台とソファーが置かれた多目的ルーム、もう1室はバンドや映像編集できるスタジオになっています。また、室内にはミニキッチンと冷蔵庫が備わり、軽食を摂ったり簡単な調理を行ったりかなり自由な雰囲気です。ユースルームは大人になりかけた若者が、仲間と、あるいは1人で、それぞれの世界を創造できる基地のような場所であり、他の所室とはインテリアや使用ルールが異なります。それは、ＷＮＣの設立当初から積み上げてきたユースプログラムの実績とスタッフのアイディアからうまれています。

ＷＮＣは訪れるたびにインテリアが少しずつ変わっており、プログラムの効果的な提供や心地良さをスタッフが考えながら改善していることがわかります。つまり、ＷＮＣはサービスと空間が車の両輪であり、ハード・ソフトともにＷＮＣのコンセプトに基づいたデザインが見て取れます。

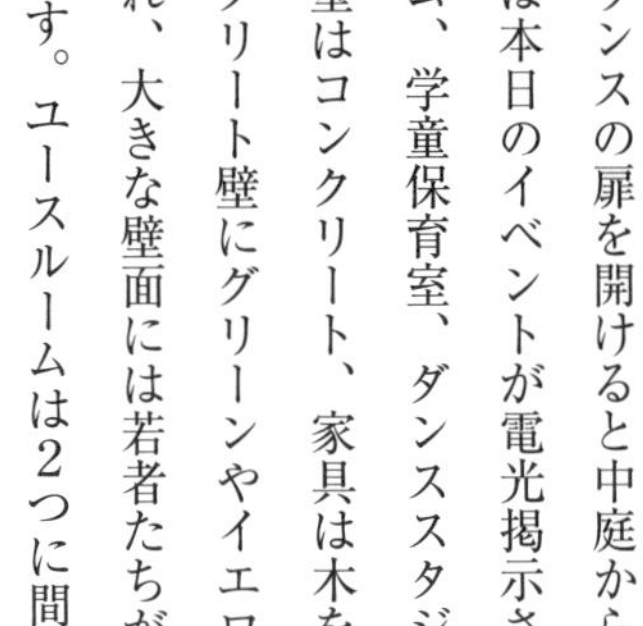

ファミリーサポートルームの入口

親子室の掲示

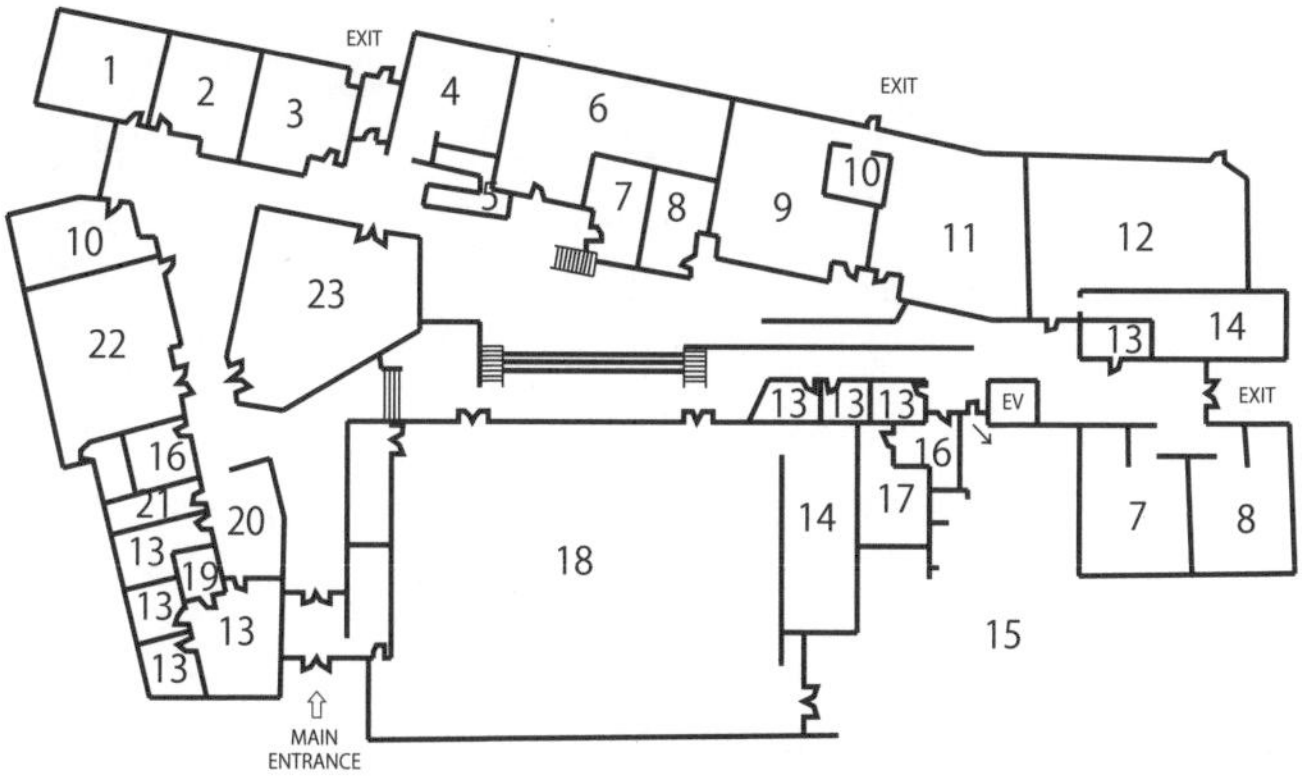

1. ASSEMBLY A`
2. ASSEMBLY B`
3. ASSEMBLY C`
4. WEIGHT ROOM
5. SNACK BAR
6. YOUTH ROOM
7. MEN`S CHANGE ROOM
8. WOMEN`S CHANGE ROOM
9. AFTER4 ROOM
10.KITCHEN
11.FAMILY SUPPORT ROOM
12.DANCE STUDIO
13.OFFICE
14.STORAGE
15.ORANGE DOORS `SHATCD-USE`
16.STAFF
17.STAFF MEETING ROOM
18.GYMNASIUM
19.WR
20.RECEPTION
21.COPY
22.MEDIUM ASSEMBLY
23.COURTYAED

図3　ウォーターフロント・ネイバーフッド・コミュニティセンターのプラン

2 ワーストスラムからヒューマンサービス・インテグレーションのパイロット地区に生まれ変わる再開発地区＝リージェントパーク

【地区の基礎データ】ワード28、人口６６５８５人、３５０１５世帯、平均年齢37歳。

(1) リージェントパーク地区の特徴

トロント中心部からやや東部のダウンタウン、サウスキャベッジタウンは、１９３０年代から市内で最も治安の悪いワーストスラムとして知られていました。その場所に１９４８年、カナダで初めての公営住宅がリージェントパークとして建設され、東南アジア、アフリカ、中南米からの移民や失業者などが集まる低所得層の居住区となりました。以来50年間、リージェントパークはトロントで最も危険な地区と言われてきました。しかし、10年余り前、住宅の老朽化による建て替えに伴い、貧困や犯罪といった地区の問題を撲滅し、住環境を改善する大規模再開発事業に着手しました。現在は第2フェーズで、公営住宅、コンドミニアム、学校、保育所、コミュニティセンター、保健センターなどの公共施設がオープンし、新

再開発が進むリージェントパーク地区

しいまちに変わりつつあります。

市はリージェントパークにさまざまなソーシャルサービスを整備し、多様な背景をもつ人びとが誇りをもち、経済的・文化的にも活気のあるまちづくりを目指しています。そのため、再開発は計画段階から各サービス部門が参画し、ハブの配置と機能について都市計画部門と協議し、プログラム開発を行ってきました。住宅についても、従来の公営住宅の住民だけでなく、新しい人びとが移り住めるよう民間コンドミニアムを建設し、ソーシャルミックスを図っています。さらに、公営住宅と民間コンドミニアムをエリアで分けるのではなく、統一感のあるデザインや同じ住棟に混在させるなど、外観にも配慮しています。このようなプロセスを経て、ハードとソフトが一体となったまちづくりが実現しつつあります。

(2) ハブの概要

トロント市はリージェントパークのコミュニティハブのコンセプトについて、1か所にサービスを集約するのではなく、1つの窓口から地区の多様なサービスにつなぎ、リージェントパーク全体であらゆる住民の生活を支える「ヒューマンサービス・インテグレーション」*を掲げています。これはトロント市が打ち出した新たな包括支援の方向であり、リージェントパークで試行しています。そのためコミュニティハブの計画に当たっては、多様な背景をもつ住民の誰もがアクセスしやすく、どのような事情であれ必ずサービスにつなぎ、ライフステージやニーズが変わっても継続してこの地区でサービスを提供できるよう議論を重ね

*ヒューマンサービス・インテグレーション　トロント市は、チャイルドサービス部門、雇用&ソーシャルサービス部門（仕事の紹介、ジョブトレーニングやスキルアップ、ファイナンシャル、ヘルス&ウェルビーイングなどを含む）、シェルターサポート&住宅サービス部門の3部門において、1つの窓口から3部門のサービスにアクセスできる取組みを「ヒューマンサービス・インテグレーション」とし、今後トロント市が目指す包括支援の新しい方向性を打ち出している。

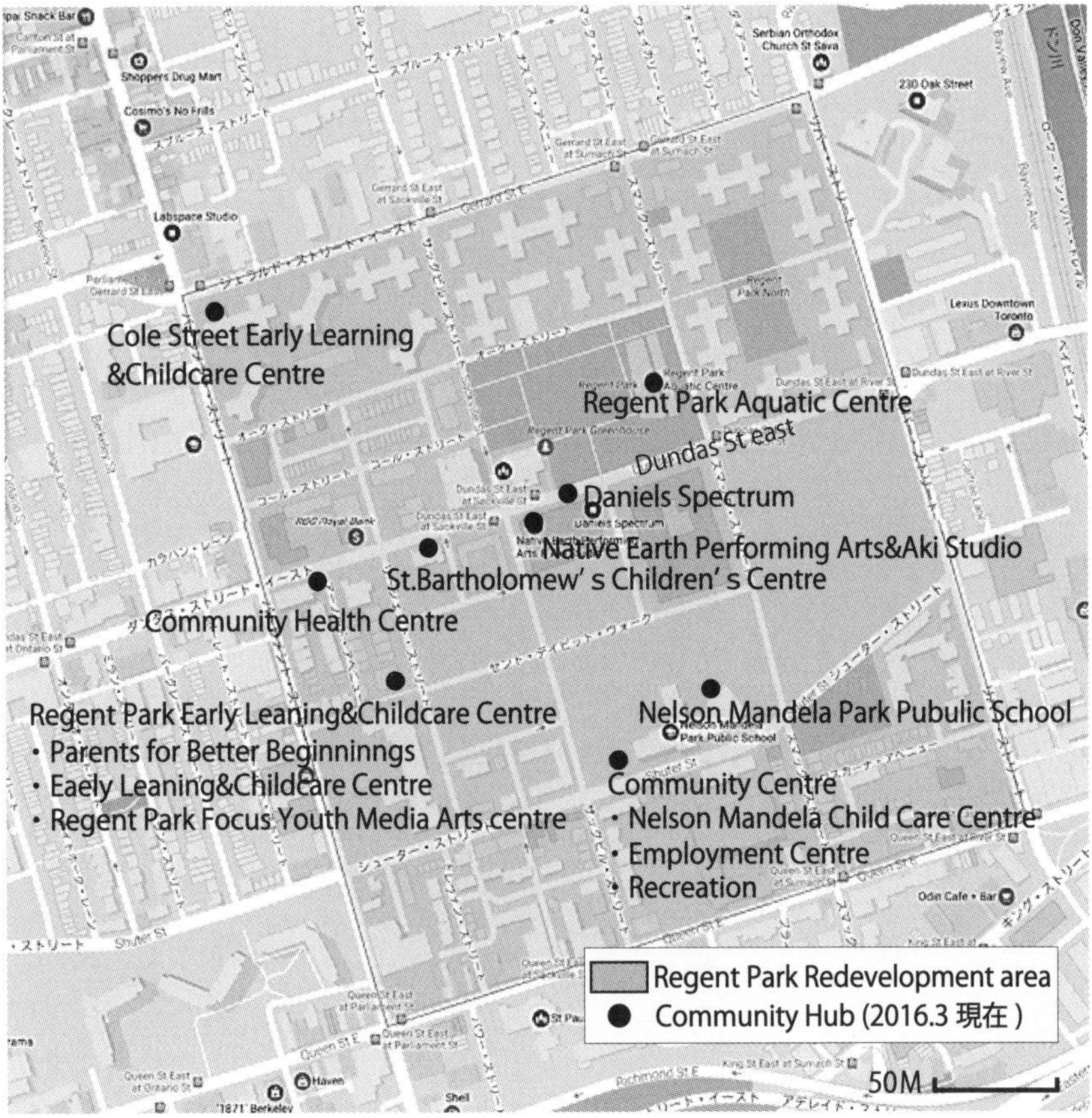

図４　リージェントパーク再開発地区内のコミュニティハブ

リージェントパーク・コミュニティセンター

1階は乳幼児期、2階は妊娠期、地下1階はユースのハブが入る

てきました。
例えば、子どものいる家庭の課題は必ずしも子どもの問題だけでなく、親の仕事、健康、精神、経済、住宅など家庭によってさまざまです。さらに、個々の事情や課題に応じて必要なサービスも雇用、保健、メンタルヘルス、住宅支援など異なります。当然、サービスを管轄するトロント市の部署も異なり、縦割りの弊害が生じて子育て家庭はサービスにアクセスしにくくなっています。本来、縦割りの弊害を無くし利便性を高めるには市の組織再編が求められますが、それは容易ではありません。そこでリージェントパークでは、1つの窓口から1人の担当者が部門を越えて継続的にサービスを提供する、まさにワンストップ型窓口を計画しています。

リージェントパークはまだ開発途中で、2016年3月現在、リージェントパークアーリーラーニング&チャイルドケアセンター*、バースセンター、コミュニティヘルスセンター、コミュニティセンター、ダニエルスペクトラム（芸術文化センター）などのいくつかのコミュニティ・ハブが順次オープンしています（図4）。

これらのハブは、役割も対象も建物のデザインも違っていますが、ほとんどが徒歩2～3分の場所に近接しています。つまり、多様なハブの集積とネットワークの強化により、妊娠期から高齢期までこの地区で切れ目なく支援できるよう都市計画されています。リージェントパークはトロント市の目玉事業であり、地区全体であらゆる住民、あらゆるライフステージをカバーし、1つの窓口からサービスにつながるヒューマンサービス・インテグレーショ

リージェントパーク・チャイルドケアセンターの園庭の様子

*アーリーラーニング&チャイルドケアセンター
トロント市チャイルドサービス部門が運営し、1日のコアの時間帯を幼稚園教育とし前後の時間に保育サービスを提供するもの。トロント市内に52か所あり、それぞれに子どもの年齢構成、スタッフの言語などに特徴がある。

ンのパイロット地区と言えます。

(3) アーリーラーニング&チャイルドケアセンター

リージェントパークアーリーラーニング&チャイルドケアセンターは、オンタリオ州アーリーイヤープログラムを実施するトロント市直営のチャイルドケアで、次に紹介するブレイクストリートのチャイルドケアセンターも同じタイプです。現在は乳児(0~18か月)が20名、18か月~2歳半が20名在籍しています。本来はもう少し保育することができますが、ニーズのある子どもの保育が急遽発生した場合に備えて、乳児保育室1室を空けています*。

近隣には、乳児から4歳までが通うコールストリートデイケア、ネルソンマンデラパブリックスクール、コミュニティセンター内にあるネルソンマンデラチャイルドケア、アフタースクールなど複数のチャイルドケアがありますが、なかでもリージェントパークアーリーラーニング&チャイルドケアセンターは、ハイリスク家庭へのサービスを包括する乳幼児期のハブに位置付いています。市内にはトロント市直営のチャイルドケアセンターが複数ありますが、低所得者層が多く、家庭のリソースが乏しい地区を、市はプライオリティ・ネイバーフッド**に指定し、予算を集中的に投下して、優先的にインフラ整備を図っています。市直営のチャイルドケアセンターもその1つで、コミュニティハブとして設置しています。

リージェントパークはかつてプライオリティ・ネイバーフッドに指定され、再開発が進む現在も重点的にサービスを開発するインプルブメントエリア***に指定されています。よっ

*チャイルドケアセンターへの入所に当たっては、市の支援金を受ける家庭の条件に合致しているかを調べたうえで緊急性を判断している。

**プライオリティ・ネイバーフッド　国勢調査やトロント市の調査に基づき、家族、収入、教育水準、言語、母子家庭率、保育サービスへのアクセスなど、各種スコアを客観的に分析し、低所得層の多い地区や環境改善が求められる地区をプライオリティ・ネイバーフッドに指定している。市はプライオリティ・ネイバーフッドに優先的に予算投下し、市直営のチャイルドケアをはじめ公共のインフラ整備を図り、サービスの改善を図っている。市内では13か所が指定され

て、リージェントパークアーリーラーニング＆チャイルドケアセンターは子どもを保育するだけでなく、親の仕事、教育、住宅、健康など生活全般を支援し、必要なサービスにつなぐプラットホームとして機能しています。その重要性から、再開発では最も早くオープンしています。さらに、拠点機能を強化するため、市のチャイルドケア部門はソーシャルサービス部門に働きかけ、担当者がチャイルドケアセンターに出向き、親に直接、生活支援サービスを紹介するよう要請しています。

　もうひとつ、乳幼児期のハブの特徴は、チャイルドケアセンターの建物の上階に妊娠・出産期のハブ、下階にはユースのハブが設けられ、物理的にも至近距離で連携していることです。例えば、妊娠から子どもが就学するまで同じ建物でサポートを受けられたり、子どもの兄弟に下階のユースハブのサービスをつなぐなどの展開があります。妊娠・出産期のハブはベタービギニングというプログラムを提供し、健全な出産、乳児の栄養と運動、発達などを学ぶプログラム、ワークショップ、個別相談を行っています。建物の内部は目的に応じて大小6室の個室、多目的室を使い分けています。ベタービギニングはコミュニティヘルスセンターでも運営していますが、チャイルドケアセンターと近接することから関係が密であり、双方が連携してサービスを提供しています。

　下階の地下1階には、ユース向けのメディアアートセンターがあります。メディアアートセンターはユース自らが番組を制作し発信するリージェントパークTV、ラジオリージェントを運営しています。スタッフは、学校や地域社会からドロップアウトしがちな若者が、ラ

ている。

＊＊＊ネイバーフッド・インプルブメントエリア　トロント市は、これまで市が採用してきた44ワードをさらに140の細かなネイバーフッドに分割し、コミュニティの格差を是正する方策を「Toronto Strong Neighbourhoods 2020（TSN2020）」のなかで示し、2014年に市議会で可決、2015年から実施している。トロント市は140ネイバーフッドを「Neghibouhood Equity Score」で採点し、ネイバーフッドの経済・社会的状況を評価する15の指標に基づき31ネイバーフッドに重点的にサービスを改善する地区に指定している。リージェントパークは現在、インプルブメントエリアに指

ジオやTVの番組制作をとおして達成感や自信を持てるようにサポートしています。

(4) コミュニティヘルスセンター

リージェントパークコミュニティヘルスセンターは、一般的な保健センターの機能に加え、スペシャルニーズに対応するプログラムを提供しています。具体的には、ユース、精神疾患、移民や難民、ホームレス、アルコール依存症者や薬物使用者などを対象とし、一般の保健センターにはないサービスです。ヘルスセンターは市のパブリックヘルス部門のほかにNPO、NGOがそれらのソーシャルワークや地域福祉サービスを運営しています。

代表的なプログラムには、以下のものがあります(2016年秋 http://www.regentparkchc.org/ より抜粋)。

- ・健康保健サービス
- ・慢性疾患――ぜんそく、C型肝炎、HIV、メンタルヘルス
- ・ソーシャルワーク&コミュニティヘルスワーク
- ・ホームレス/アウトリーチ/中毒――ホームレスの住宅と生活支援、風俗で働く女性や薬物で苦しむ女性のドロップイン、アルコールや薬物による健康被害を軽減するプログラム
- ・移民と難民のプログラム――言語や生活文化、風習を学ぶプログラム、健康や栄養に関する教育プログラム、住宅の斡旋

定されている。ネイバフッド・インプルーブメント・エリアはトロント市のオープンデータで公表している。

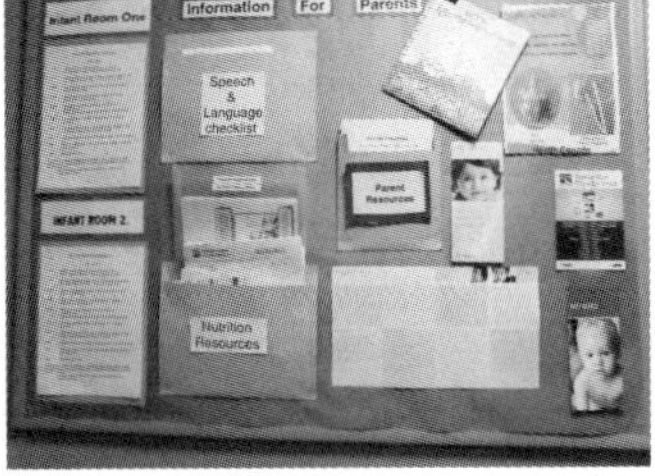

チャイルドケアセンター内の掲示

・乳幼児／子どものプログラム（ベタービギニングを運営）――アーリーイヤーソーシャルワーク、妊婦健診・教室、家庭訪問、幼稚園での健診、子育てに関するプログラム（ノーバディズパーフェクトなど）

・ユース（14～25歳）――学習支援、ボランティア活動を通したスキルアップ、思春期の健康

このように、リージェントパークコミュニティヘルスセンターは、出産前から高齢者、ホームレスや薬物依存症まで、住民の健康に関するさまざまな分野のプログラムを展開しています。子どもやユースのプログラムは、この地区の青少年が心身ともに健康で、貧困の連鎖を断ち切り自立することを後押しするサービスが中心です。子育てに関しても健診だけでなく啓発や教育が多くを占めています。リージェントパークコミュニティヘルスセンターのウェブサイトには、地区のすべての住民に公平で、健康的な暮らしを促すコミュニティベースの保健センターと謳われ、7か国語で表示されています。

(5) コミュニティセンターとダニエルスペクトラム

リージェントパークコミュニティセンターは2016年冬にオープンし、ホームページに「リクリエーションプログラム、雇用サービス、チャイルドケアが1つの屋根の下に」とあ

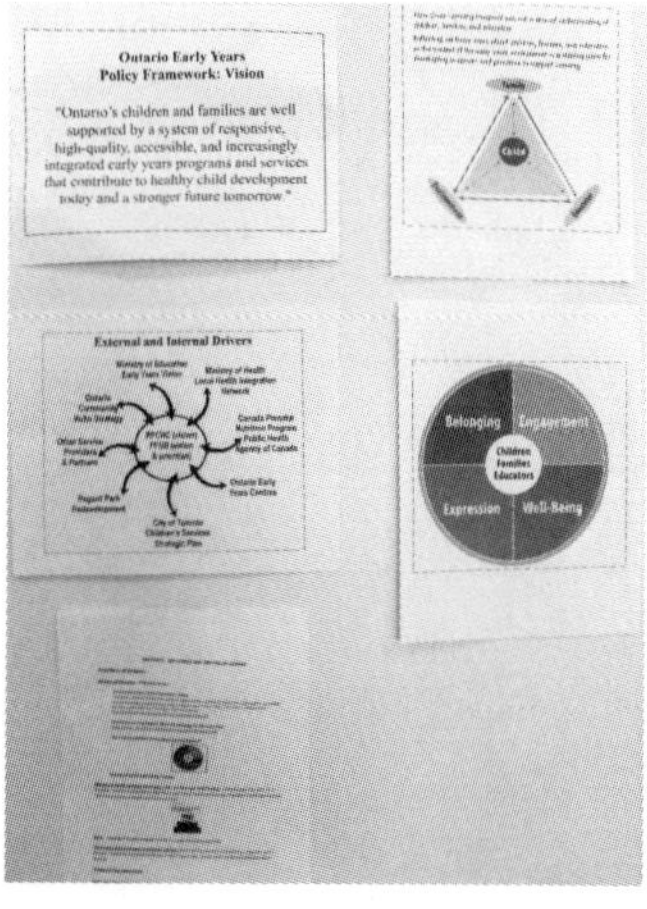

ベタービギニング内の掲示

チャイルドケアセンター・保育室

るように、3つのサービス部門が入っています。リクリエーションではスポーツや料理など、一般的なコミュニティセンターのプログラムが提供され、ジム、ホール、スタジオ、コミュニティキッチン、屋上庭園などで幅広い活動が行われます。これらのプログラムは参加費が必要なものから無料までありますが、コミュニティセンターを管轄する市のパークス&リクリエーション部門では、お金のない人でも公平にサービスが受けられるウェルカムポリシー*があり、リージェントパークの各ハブで提供するプログラムに適用されています。雇用サービスは日本のハローワークのようなサービス部門で、仕事の紹介やジョブトレーニングのほか、生活保護の申請や公営住宅の紹介、手続きも行っています。チャイルドケアは隣接するネルソンマンデラパブリックスクールとジョージブラウンカレッジが運営するもので、デイケア、プリスクール、学童保育を行っています。

ダニエルスペクトラムは、アート、音楽、映画、パフォーマンス、詩や文学などの創作活動を支援する芸術センターで、リージェントパークのすべての人に開かれたカルチャーハブです。特に、ユースに対してはユースメディアアートセンターと同様に、地区の若者たちが薬物やアルコールに手を出さず、能動的に学び、創作や情報発信を通じて自信をもち、よりよく生きることをサポートするコミュニティハブです。

訪問時にはアートレセプションに多くの高校生や若者が集まり、作品展示やパフォーマンスが繰り広げられていました。

*ウェルカムポリシー　トロント市は、低所得層や経済的に厳しい家庭がコミュニティセンターのプログラムに参加しやすいよう助成金や補助金を出している。多くのプログラムは無料で参加できる。

(6) まちなみとハブの空間

リージェントパークは老朽化した公営住宅団地を取り壊し、広大な敷地に道路、駅、公共施設、住宅など都市のインフラを新設しています。リージェントパークの中央を走るダンタスストリートの沿道と周辺には、アーリーラーニング&チャイルドケアセンター、コミュニティヘルスセンター、バースセンターなど複数のコミュニティ・ハブが集積し、地区のどこからでも徒歩でアクセスできます。ストリートの中央には公園、アクアティックセンター(プール)、ダニエルスペクトラムが地区のシンボルとして配置され、周辺部には多くの集合住宅が計画されています。リージェントパークアーリーラーニング&チャイルドケアセンターは簡素な建物の1階にあり、前述のように2階は妊娠期のハブ、地下1階はユース向けのハブ・メディアアートセンターが入っています。メディアアートセンターは、TVスタジオ、ラジオ局、編集室で構成され、鮮やかなブルーに塗られた壁が印象的です。オープンしたばかりのコミュニティセンターは幅広い層が利用する施設であり、親しみやすい外観になっています。

訪問時にはまだ建物がまばらで完成の姿はわかりませんが、少なくとも住宅は他の公営住宅に比べてグレードが高く、決して高級ではありませんが外観は民間コンドミニアムと統一感があります。住宅形式もテラスハウス、中層、高層などバリエーションが豊富で、1つの住棟に民間と公営の住戸が混在する集合住宅もあります。これらの住宅は一見して公営と民

ユース向けのハブ、メディアアートセンター内のスタジオ

コミュニティヘルスセンター

間が区別されず、入居者の経済格差が一目で分かることのないよう、すべての人が誇りをもって住み続けられることを意識したデザインになっています。

ダンタスストリートの角地に建つ芸術センター・ダニエルスペクトラムは地区のシンボル的な建物で、ガラス張りのラウンジやカフェカウンターは歩行者からよく見えます。1階のアートスケープラウンジはダニエルスペクトラムのリビングルームと呼ばれ、イベント、立食パーティー、レセプションなどさまざまな用途に使われ、カラフルなインテリアが目を惹きます。エントランス横には可動席300のホールがあり、ダンス、シアター、講演、展示、パーティーなど多目的に使用されています。ダニエルスペクトラムはポップで明るい外観がストリートのアイストップとなり、そこで活動する若者をガラス越しに映し出すことによってまちに賑わいを演出します。若者たちにとっても活動する姿や創作した作品が人びとの目に触れ、認められることによって、自信や勇気をもたらす場になり得るでしょう。

ダニエルスペクトラム

助産師が常駐する出産ハブ、トロントバースセンター

3 移民や難民をかかえる地区の2つのハブ＝ブレイクストリートパブリックスクールとイーストビューコミュニティセンター

【地区の基礎データ】ワード30、人口53290人、22385世帯、平均年齢39歳。

（1）ブレイクストリート地区の特徴

ブレイクストリートはトロント市中心部から東部に位置するワード30の地区です。開発著しいウォーターフロントやリージェントパークとは異なり、人口増減のほとんどない、どちらかと言うと殺伐とした印象のまちです。住民の平均年齢、世帯構成、教育水準等は市の平均と近似していますが、地区の北部にはギリシャ人コミュニティのグリークタウンが広がり、2008年から2011年の5年間にスパニッシュ系住民が急増しています。コミュニティ・ハブのブレイクストリートパブリックスクール周辺には中低層の公営住宅とアパートが建ち並び、多くの移民や難民が住んでいます。今なお公営住宅は難民居住区になっていま す。そのため、英語やフランス語での会話が困難な住民が1割弱と、市平均より高くなって

ブレイクストリート地区のまちなみ

います。

(2) 2つのハブの概要

ブレイクストリート地区には2つのコミュニティハブがあります(図5)。1つはブレイクストリートパブリックスクール内に設置された乳幼児期のハブ、もう1つは、チャイルドケアセンターとコミュニティセンターで構成されたイーストビューコミュニティセンターです。イーストビューコミュニティセンターは、トロント市直営の保育所(0~4歳)と、6歳から高齢者までを対象とするマルチなハブです。

2つのハブは対象とする年齢や役割は異なりますが、両者は相互に連携し、必要に応じて他のハブでもサービスを提供しながら地区全体をカバーし、住民を支援する仕組みが構築されています。また、両者は歩いて行ける距離にあり、物理的にも緊密な関係にあります。

(3) ブレイクストリートパブリックスクール

ブレイクストリートパブリックスクールは1つの建物に公立小学校とオルタナティブスクールが入り、さらに、小学校の空き教室7室を利用して乳幼児期のハブが設置されています。7教室のうち4室が4~5歳児の全日制幼稚園、2室が幼稚園、幼稚園の部屋を利用して前後の時間帯に学童保育、残り1室がペアレンティング・ファミリーリテラシーセンター*です。

学童保育は始業前と放課後に、幼稚園から小学生低学年までの4～10歳児の保育を行っています。ペアレンティング・ファミリーリテラシーセンターは、オンタリオ州が提供する子ども家族支援の1つであり、オンタリオアーリーイヤーセンター、チャイルドケアリソースセンター、ベタービギニングベターフューチャーといったサービスがあります。これらはいずれも子育てを家庭の責任とせず、社会全体で子育てを支えることに主眼を置いています。

なかでもペアレンティング・ファミリーリテラシーセンターは、乳幼児のいる家庭に向けて、子どもの能力を十分に伸ばせるように親を支援するサービスで、具体的には、子どもの言語力や算数スキル、社会性などを育むために、家庭での関わり方や親業を学び、子育て力をつけていきます。ペアレンティング・ファミリーリテラシーセンターは、オンタリオ州のすべての子育て家庭に開かれたソーシャルサービスですが、トロント市では、教育や子育てのリソースが乏しい貧困地区の小学校78か所に設置しています。なぜ小学校かというと、親も子も乳幼児期から小学校という環境に慣れることによって、低学年でドロップアウトしてしまう子どもをなくすためです。

トロント市は、ハイリスク家庭の多い地区に重点的に就学前サービスを整備し、小学校へのスムーズな接続を図っています。全日制幼稚園も4～5歳から小学校へのスムーズな接続を意図した就学前教育であり、トロント市の幼稚園はほぼすべて全日制に移行しています。

このように、ブレイクストリートパブリックスクールは小学校に、0歳から12歳までを対象としたチャイルドケア、子育て支援を統合し、教育・福祉・子育て支援の包括的拠点となっ

＊ペアレンティング・ファミリーリテラシーセンター
オンタリオ州教育省が推進する子ども家庭支援であり、あそびをとおして子どもの知力や可能性を育て、すべての子どもが小学校でスムーズに学習できるよう、0～6歳の子どものいる家庭を支援する取組みである。世界中から人びとが集まり、多様な価値観を尊重するカナダでは、とりわけ言語能力が乳幼児期から重視され、あそびをとおしてさまざまな表現を学んだり、親子で多言語の図書が並ぶ図書室から本を借りるといったプログラムもある。また、親は子育ての悩みや懸念をワークショップ形式で話し合い、親業を学ぶなど親のエンパワメントを図っている。

ています。

次に、公立小学校であるブレイクストリートパブリックスクールがなぜ、コミュニティハブに位置づいたのか、経緯をみていきます。

トロント市は、移民や難民の貧困家庭が多く、優先的に社会サービスを整備する地区として、以前より当地区の小学校のなかにチャイルドケアセンターとペアレンティング・ファミリーリテラシーセンターを設置していました。市は、オンタリオ州が打ち出したベストスタートを推進するに当たり、この資源を活かして学校をハブ化することで機能拡充を目指しました。もう少し詳しくみると、ブレイクストリートパブリックスクールがハブに位置付いた理由は4つありました。

1つ目は前述のように、チャイルドケアとファミリーリテラシーセンターという保育と子育て家庭サービスの実績があったこと。2つ目は、同じ建物に2つのサービス分野をもつことから、校長、教諭、保育士、ソーシャルワーカーによる教育と福祉の人的連携が構築されていたこと。3つ目は、新しい機能を拡充する物理的な空間として空き教室があったこと。4つ目は地区特性を反映したものです。当地区は母国での教育をほとんど受けていない難民家庭や、英語、フランス語が話せない移民家庭も多く、言葉の壁によって学校生活上の課題が指摘されていました。そのため、相談や困りごとがある場合でも、学校ならば住民の誰もが場所や建物を知っているため、英語が話せなくてもアクセスしやすく、就学前から学校の環境になじむことで就学後の学びがスムーズになると期待しました。また、学校には保育士、

ブレイクストリート・パブリックスクールの外観

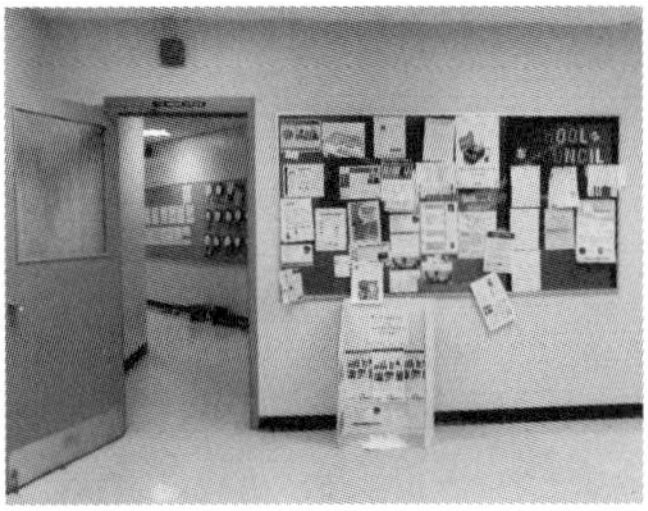

学校のエントランスから乳幼児のハブのほうをみる

教師、ソーシャルワーカーなどさまざまな専門家がいるため、子どもや家庭の様子から課題をみつけ、サービスにつなぐことができます。

　市は、ブレイクストリートパブリックスクールに蓄積された資源をもとに乳幼児から小児期のサービスを統合し、拡充することで、この地区の子育て環境と教育環境の改善を図ろうとしました。実際にコミュニティハブに位置付いたことで教育と福祉の連携が強化され、校長はじめ両者のスタッフが定期的にミーティングを行い、情報共有を図っています。ハイリスク家庭を早期にサポートする体制も整備され、小学校でも独自プログラムがスタートしました。その1つにランチプログラムがあります。日本では給食という素晴らしい制度がありますが、カナダでは学校給食がないため、ほとんどの児童は自宅からランチを持参します。しかし、ブレイクストリートパブリックスクールではランチを持たずにくる児童、ジャンクフードしか持参しない児童、ランチを持たせることができない家庭が少なからずありました。そのため、校長は教育委員会、地区の企業や慈善団体から資金調達し、週に2回、朝昼に体育館に野菜や果物のサラダバーを用意し、児童は5セントで利用できるようにしました(2009年当時)。サラダバーは子どもの栄養補給だけでなく、栄養に関する知識の習得と生活習慣を学ぶ食育を兼ねています。このプログラムは学校が独自にマネジメントしていますが、地区全体で子どもを育てるコミュニティハブの役割の1つと言えます。

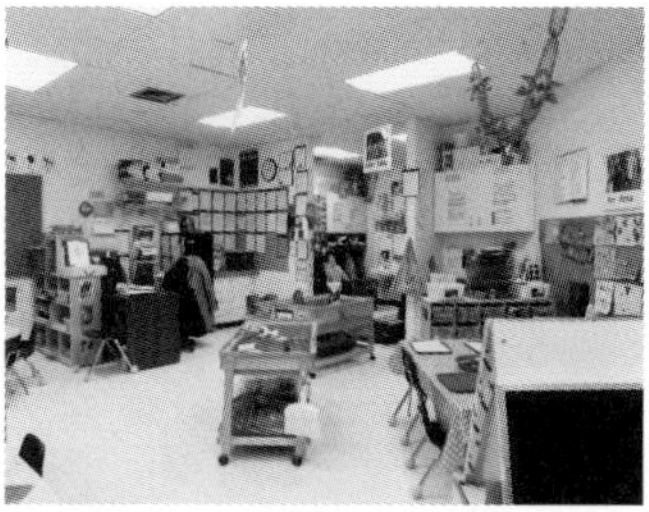

ブレイクストリート・全日制幼稚園の内部（左右とも）

（4）イーストビューコミュニティセンター、ブレイクストリートアーリーラーニング&チャイルドケアセンター

イーストビューコミュニティセンターは（以下、ＥＮＣ）、１つの建物に２つの施設が複合し、１つは0～4歳対象のアーリーラーニングを実施するチャイルドケアです。もう１つは、６歳から高齢者までを対象にリクリエーションや学習など幅広いサービスを提供するコミュニティセンターで、チャイルドケアとコミュニティセンターの２つの柱から成るマルチなハブです。

建物全体は市のパークス&リクリエーション部門が所管し、チャイルドケアはトロント市子どもサービス部門、コミュニティセンターはＡＯＣＣｓのメンバーであるＮＰＯが運営しています。チャイルドケアはすべての家庭に開かれていますが、市直営のチャイルドケアは低所得層の多い地区に整備され、ここでは移民や難民家庭のこどもを優先的に受け入れています。さらに、就学前教育であるアーリーラーニング・プログラムを実施し、早い段階から子どもと家庭をサポートしています。

ＥＮＣは0～4歳、および、６歳から若者、高齢者まで幅広い住民をカバーするハブで、コミュニティセンターでは２０１６年秋現在、次のような8分野のプログラムを提供しています（http://eastviewcentre.com/ より抜粋）。

■子どものプログラム

・放課後と夕刻のプログラム（6〜12歳を対象とした15時30分〜20時30分までの学童保育）
・日曜日のプログラム（6〜18歳）
・夏休みのキャンプ
■ボーイズ&ガールズクラブが提供する冬の一日イベント
・ユースプログラム（バスケットボール、サッカー、水泳、フィットネスなど各種スポーツ。栄養、学習支援、いじめと暴力、虐待防止、生きるスキルやよりよい選択を学ぶプログラム）
・リードアップ、リーディングクラブ（読書を通じて言語能力を育み、学校での学習をサポートするプログラム）
■ファミリーリソース
・ドロップイン（0〜5歳）
・妊婦教室
・就学前の子どもの読み書き
■シニアサービス
・ソーシャル&リクリエーション活動（カラオケ、クラフト、料理、買い物サポート）
■ニューカマー・サービス
・他国からの移民に対するカナダの生活文化に関するオリエンテーション

アーリーラーニング&チャイルドケアセンター入口

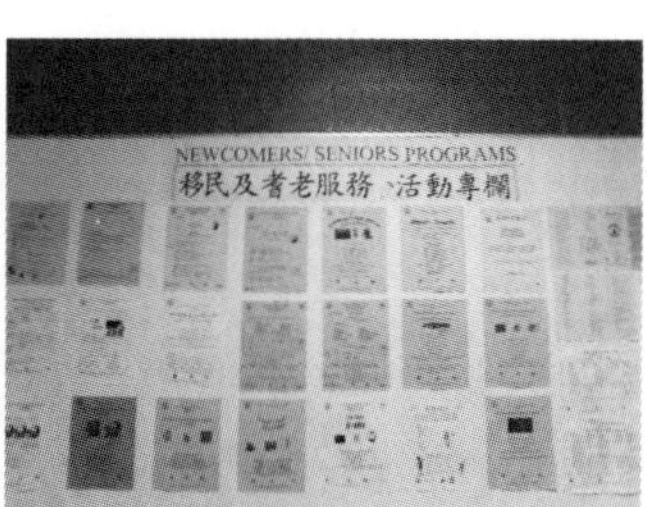

ニューカマーズ・シニア・プログラムの案内

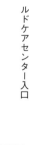

・低所得層の所得税申告のサポート
・女性のためのワークショップ
・文化スポーツ活動
■コンピュータ
・自宅にパソコンがない人びとが使用できるサービス
■フードアクセス・プログラム
・フードバンク（各家庭に宅配サービスも含む）
・食事の提供
・若者や新しい移民のためのコミュニティキッチン
・地元マーケットや農家と共催した新鮮で安価なフードマーケット、および、寄付

ＥＮＣでの子どもやユース分野のサービスをみると、スポーツやキャンプだけでなく、親の帰宅が遅い家庭や貧困家庭の子どもが孤立しないよう遅い時間帯まで学童保育を提供し、学習支援、軽食の提供といった生活支援も実施しています。さらに、暴力・いじめ・虐待といったハイリスク家庭に起こりやすい問題に関する教育、生きるスキルを学ぶプログラムなど、青少年の自立と貧困の連鎖を食い止めるサービスに力を入れています。新規の移民に対しては、カナダにおける子どもの権利や暴力の捉え方を教え、カナダで暮らしていくためのノウハウや各種手続きのサポートまで、暮らしの全般にわたるサービスを提供しています。

イーストビューコミュニティセンター内のフードバンク（宅配用）

イーストビューコミュニティセンターの外観

さらに、地区特性を色濃く反映したものにフードアクセスがあり、安価で新鮮な野菜の直売やフードバンクを提供しています。フードバンクはセンターでの受け取りだけでなく、フードバンクを利用することに恥ずかしさや後ろめたさを感じる住民もいることから宅配も行っています。ＥＮＣではコミュニティのニーズや住民の事情に寄り添い、きめ細かなサービスを提供していることがわかります。

(5) 建物と室内空間

ブレイクストリートパブリックスクールは、建物中央のメインエントランスを挟み、片側に小学校の受付、図書室、体育館、教室があり、もう片側に乳幼児期のハブがあります。乳幼児期のハブは小学校の空き教室を再利用したものですが、もともと両者は用途が近いため、教室内に手洗いを新設している他はほとんど改修せず、家具や遊具で対応しています。ペアレンティング・ファミリーリテラシーセンターは親たちが車座になってワークショップや情報交換できるよう家具が少なく、中央に大型カーペットが敷かれています。小学校の図書室や体育館は小学生だけでなく、全日制幼稚園やペアレンティング・ファミリーリテラシーセンターのプログラムでも使用し、建物全体でシェアしています。特に図書室は、小学生と園児が一緒に使用することもあり、小学生が園児に本を選んだり読み聞かせを行っています。ブレイクストリートパブリックスクールでは幼児期から学校と関わりをもつことに重きが置かれていますが、図書室での読み聞かせは小学生にも効果があり、ドロップアウトし

小学校の体育館を使った全日制幼稚園のプログラム

小学校の図書室で児童と園児が交流

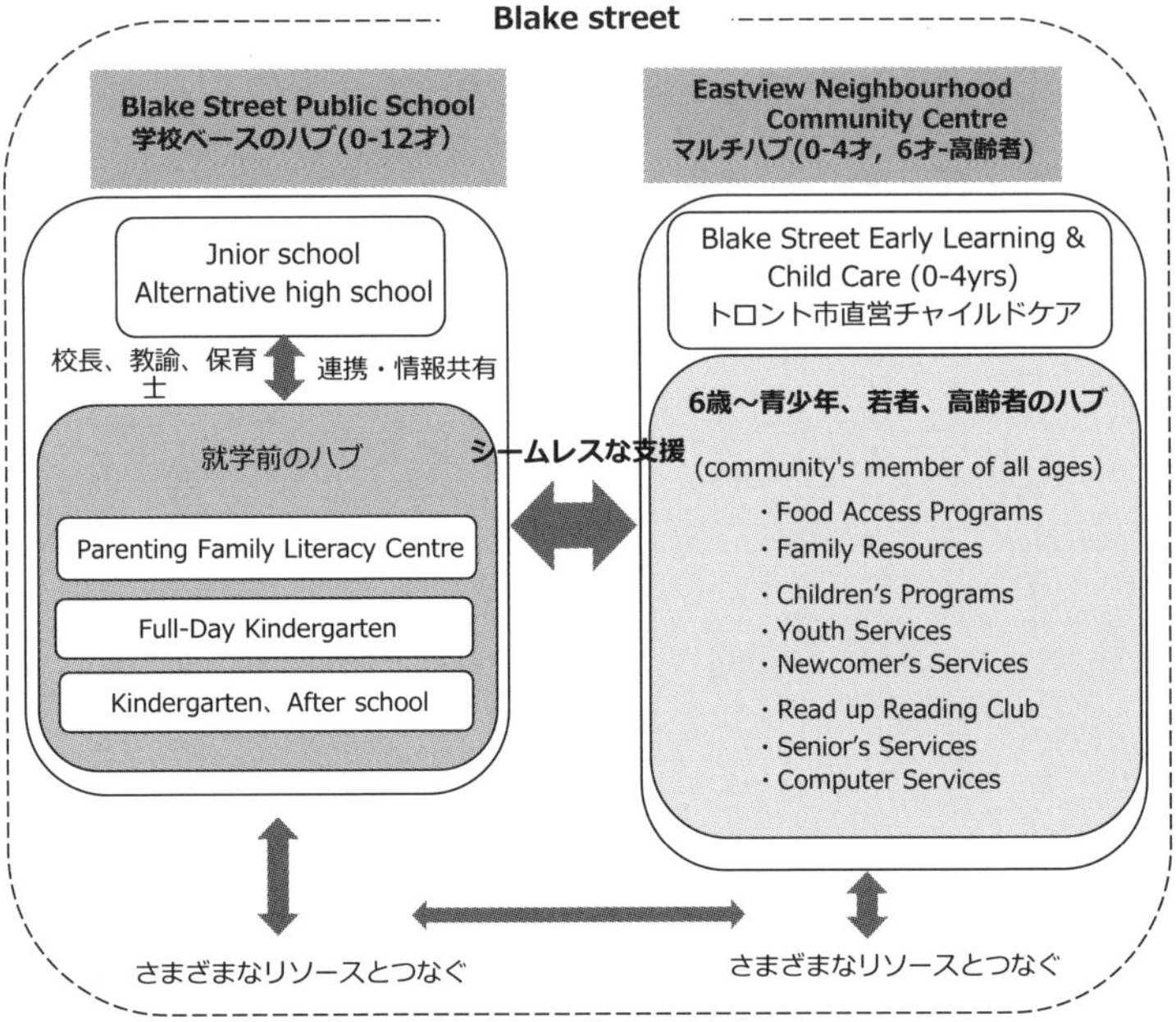

図5　Blake Street 地区の2つのコミュニティハブ

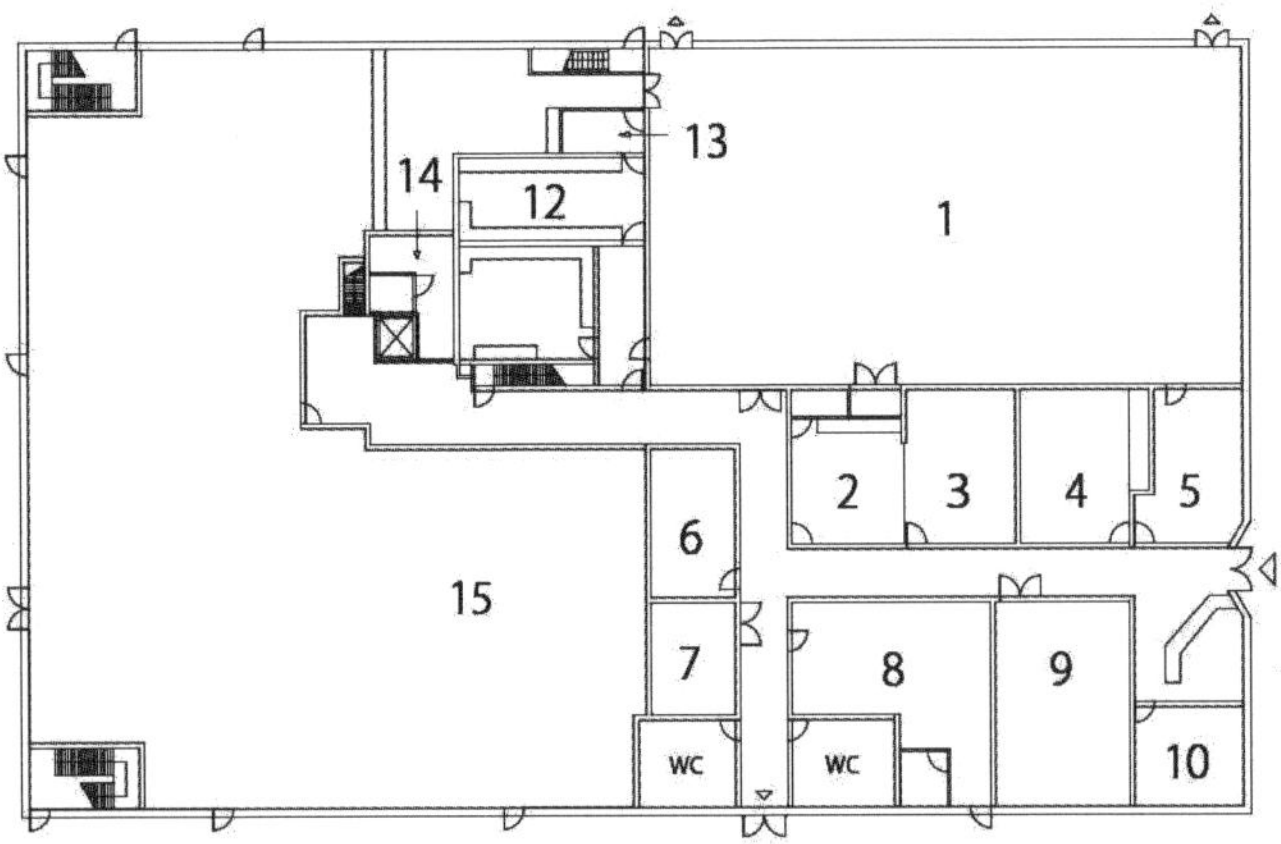

1F
1 Gymnasium
2 Teens' Room
3 Seniors Room
4 Crafts Room
5 Kitchen
6 Program Office 1
7 Food Bank
8 Program Office 2
9 Adult Room
10 Admin. Office 1
12 Pool Room
13 Gym Office
14 Caretaker' s Office
15 Child Care Centre

2F
11 Activity Room
16 Program Office 3
17 Admin. Office
18 Kitchen
19 Junior Room
20 Maintenance Rooms

図6　イーストビューコミュニティセンターのプラン

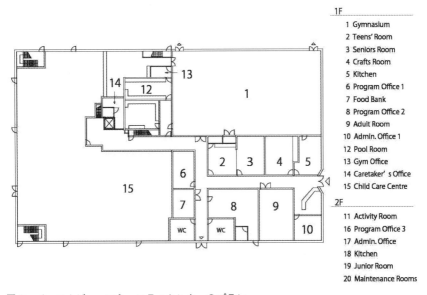

がちな児童が自信や責任をもつきっかけになっています。体育館も体育の授業だけでなく、その横で親子あそびが行われるなど、柔軟な運用によって異年齢交流や思わぬ効果を生み出しています。このようにブレイクパブリックスクールはハード・ソフトともに既存の資源を活用し、プログラムの拡充や柔軟な運用により、地域に密着したコミュニティハブになっています。

イーストビューコミュニティセンター（図6）は建物1階の4分の1が保育所、4分の3がコミュニティセンターに使われています。コミュニティセンターには体育館やキッチンの他、ジュニア、ティーンズ、アダルト、シニア、クラフト、アクティビティ、フードバンクなど、年齢や用途別に大小さまざまの部屋があります。2階はユース向けの多目的なスペースで、ビリヤード台や長椅子が置かれ、やや暗めのインテリアが青少年の居場所を印象づけています。

4 ＬＧＢＴＱの人びとを支えるトロント最大のハブ ５１９コミュニティセンター

【地区の基礎データ】ワード：27、人口７８８７０人、４５４４５世帯、平均年齢33歳。

(1) ウェルズリー地区の特徴と５１９コミュニティセンターの概要

トロント市の中心部に近いワード27の地区は、オフィス、商業、大学、ホテル、コンドミニアムなどの都市施設が集積しています。都心部のため住民はファミリー層や高齢者層が少なく、20代から30代前半の独身やカップルが多くなっています。ワード27のなかでも５１９コミュニティセンターが建つチャーチ・ウェルズリー地区は、１９６０年代より同性愛カルチャーの中心として知られ、ゲイ向けのバーや店舗が点在するダウンタウンです。

ウェルズリー地区では、１９７０年頃、コミュニティのメンバーたちが空き家となっていたThe ５１９ビルディングをコミュニティセンターに活用できないか検討していた最中、トロント市がチャーチストリートコミュニティセンターと公園を整備するためにその建物を購入しました。そこで、地区のメンバーがThe ５１９ビルディングでコミュニティセンターを運営することになり、トロント市で初めての公設民営型 The ５１９コミュニティセンター（以下、〝５１９〟）が、１９７５年に誕生しました。

翌年には地区の若者のニーズに応え、ゲイへのサービスがスタートし、〝５１９〟はコミュニティのすべてのメンバーが公平にセンターを利用する権利があることを表明しました。１９７０年代後半には、これまで以上に多様なニーズに応えるためＬＧＢＴＱの住民へのサービスが始まり、〝５１９〟は孤立しがちな性的マイノリティたちの居場所になっていきます。そして１９８１年、トロント警察によるある事件をきっかけに、この場所でＬＧＢＴＱの住民の権利を訴えるトロント初の大規模イベントが起こり、市民の大きな関心を集めました。その後、〝５１９〟はＬＧＢＴＱの住民の権利と安全を守るシンボルとして、各種の権利擁護団体やマイノリティが集まり、徐々に機能が拡充していきます。〝５１９〟は今日までＬＧＢＴＱの住民の健康相談や無料クリニック、ゲイコミュニティのサポートなど、独自プログラムを開発し、市も継続的に資金援助を行ってきました。

〝５１９〟は設立から40年が経ち、トロント市最大のコミュニティハブに発展し、ＨＩＶ陽性者、ハイリスクな若者、移民、難民、ホームレス、ソーシャルサービスが届きにくいグループなど、社会から排除されがちな人びとへのサービスを提供し続けています。〝５１９〟は、以上のような経緯から、これまで紹介してきたコミュニティハブのように、ワードに基づくエリアというよりも、ワード27の住民を含め、ＬＧＢＴＱという住民コミュニティ全体にサービスを提供してい

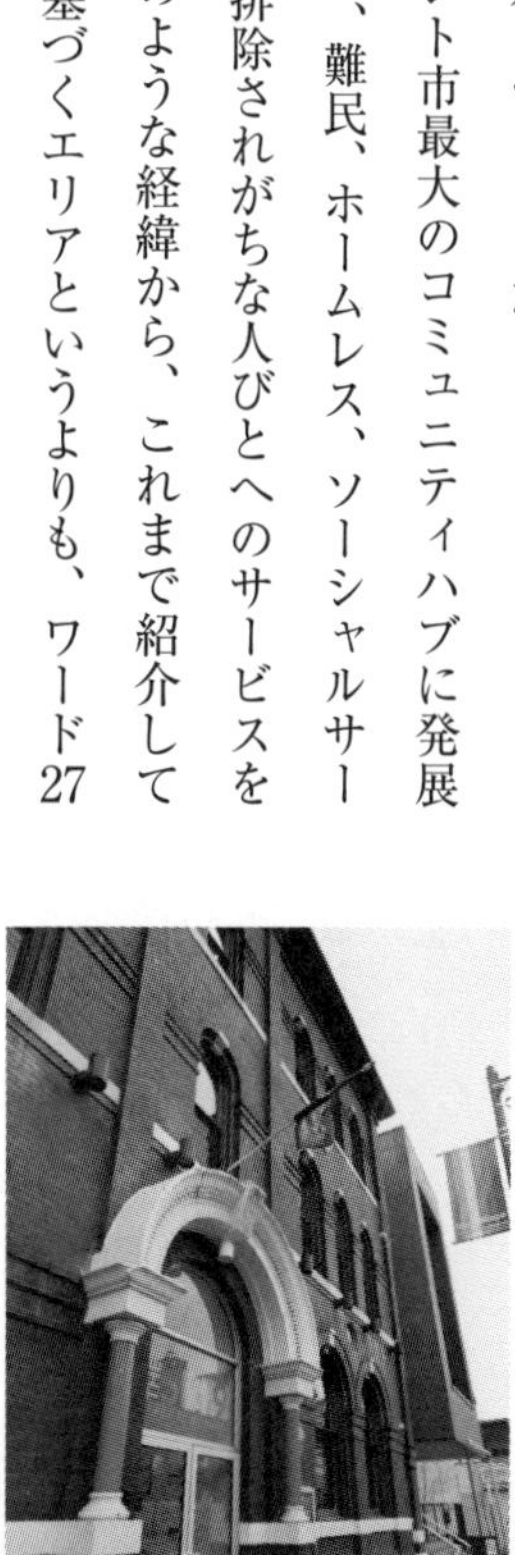
５１９コミュニティセンターの外観

ます。よって、〝519〟はトロント市全域にわたって数多くの関連団体とネットワークをつくり、諸団体の中核にもなっています。

(2) ハブのプログラム

〝519〟の運営は、ウォーターフロント、ブレイクストリートのイーストビューコミュニティセンターと同様に公設民営型であり、運営団体はAOCCsのメンバーです。2001年にはトロント市教育員会と共同でホモフォビアに対する教育プログラムを作成するなど、市のパートナーとして積極的に活動しています。

〝519〟は現在、分野ごとに専門スタッフが就き、100人以上のボランティアとともにすべてのジェンダー、セクシャリティの健康とウェルビーイングに資する14分野、約80種類のプログラムを運営しています。〝519〟ではこれらのサービス分野すべてに共有する価値として「自己決定」「リジリエンス」を据え、2つの価値に基づいてプログラムをデザインしています。ここでの自己決定とは、自分の人生においては自分がエキスパートであることを信じ、自分が信じるものを決定していくことを意味します。一方、リジリエンスとは、〝519〟での活動を通じて自分自身が強くなり人生を力強く歩むことを指します。〝519〟は「自己決定」「リジリエンス」の2つの価値に基づくプログラムを通して社会的不利や偏見からコミュニティのメンバーの尊厳を守り、力強く生きることを支援しています。

2016年秋、提供されている14分野のサービスと、主なプログラムは次のとおりです(複数分野に重複しているプログラムもある。http://www.The519.org/ より抜粋）。

■アート&カルチャー（17プログラム）

・演劇（18歳以上）
・アニメ、映画（ティーン、ユース）
・LGTBQの人びとによる読書会（50歳以上）
・人権問題に関するトロント大学との連携プログラム、など

■コミュニティドロップイン（6プログラム）

・ファミリーリソースセンター（0～6歳）
・日曜日のドロップイン（すべての年齢対象）
・カミングアウトに関するディスカッショングループ（18歳以上）など

■コミュニティサポート（14プログラム）

・アルコール依存症者がいる家庭で育った子どもへの支援プログラム
・チャーチストリートに住む人びとの集まり
・各種手続きやカウンセラーによる相談
・HIV検査など無料の健診と健康相談など

■コミュニティの自主企画（55プログラム）

・エイズで亡くなった人びとへのメモリアル事業

519コミュニティセンター内の掲示物

・カナダに移住してきた新たなＬＧＢＴＱのメンバー間の交流

■教育とトレーニング（1プログラム）

・ワークショップ、大学での講座、イベント、シェルターなどの紹介

■家族と子ども（10プログラム）

・性的マイノリティの人たちが親になるために社会、家計、医学、法律などを学ぶ12週実践講座

・ファミリーリソースセンター（0～6歳）

・ジェンダーとアイデンティティの形成に関する12週講座、など

■住宅サービス（2プログラム）

・住宅支援（16～29歳）

・ＬＧＢＴＱの難民を対象にカナダで暮らすための情報提供、ネットワーク形成、住宅支援

■新しい移民・難民（7プログラム）

・移民・難民がカナダに定住するためのアシスト

・移住して5年未満の青少年の育成指導、雇用支援（14～19歳）

・移住して5年未満のＬＧＢＴＱの青少年の定住および雇用支援

■中高年向けプログラム（7プログラム）

・読書会（50歳以上）

・中高年の対象者向けドロップイン
・それぞれの生き方を通じたユースとシニアの交流
■リソース（8プログラム）
・プロの指導を受けたボランティアによる各種相談
・各種基金
■スポーツとリクリエーション（6プログラム）
・囲碁
・ユースのためのスポーツ（19～29歳）
・ヨガ、太極拳、公園でのイベント
■学生の職業支援（1プログラム）
・学生のスキルアップや学びの機会の提供
■トランスジェンダーの住民への特定サービス（10プログラム）
・低所得者、ホームレス、風俗で働く住民などへの食事サービス
・家族や子どものアート、創作活動
■ユース（9プログラム）
・移民難民の青少年支援（14～19歳）
・ユースグループの支援、など

ファミリーリソースセンターの掲示

ファミリールームの室内

〝519〟では乳幼児から中高年まで、幅広い年齢や属性をもつ人びとへのプログラムのほか、トランスジェンダー、高齢のLGBTQといった対象を絞り込んだものまで多岐にわたっています。さらに、人権、アイデンティティ、住宅、職業といった「生」そのものを支える独自のサービスが散見されます。家族と子ども分野のサービスでは親子あそびやドロップインがありますが、これらのプログラムもすべて〝519〟の価値観に基づいた内容になっています。

例えば、ファミリーリソースセンターは親の子育て力をエンパワメントするプログラムですが、〝519〟では多様なアイデンティティを尊重することを徹底し、ゲイやレズビアンはじめ多様なカップルの子育て支援、さらには彼・彼女等が親になるための実践的なプログラムが展開されています。子どもに対するプログラムも同様です。ユース分野ではLGBTQの若者を対象に、従来の形式に縛られないさまざまなカタチのリーダーがあり、ムーブメントを起こす力やリーダーシップを育成する教育プログラム、住宅支援まで提供しています。教育分野では、ハラスメントとはどういうことか、生まれ育った文化的背景による言語や態度への解釈の違い、移民が言語表現を学ぶプログラムがあります。難民にはカナダで暮らすためのアシストや就業支援、LGBTQに絞り込んだ支援もあります。さらに近年は、LGBTQスペクトラムへの理解を広げるために、当事者が経験を語るプログラム、ホモフォビアやトランスジェンダーへの偏見と闘うプログラムなど、差別・人権・守秘義務に関する新しい教育・トレーニングプログラムの開発にも力を入れています。

ロビー

コミュニティカフェ

このように〝519〟はあらゆるグループ、あらゆるコミュニティ・メンバーがよりよく生きていけるよう個人の尊厳と価値を重んじ、社会通念や前提にとらわれない独自のプログラムを開発・実践している点で極めて先駆的です。そして、これらの実践の背後には、〝519〟のスタッフの卓越したリサーチ力と実行力があります。コミュニティ・メンバーの課題は何か、仕事、住まい、教育、健康、社会的偏見、それらの課題が混在しているのか常にリサーチし、個々のケースからニーズを掘り起こし、迅速にプログラムに反映しています。さらに、スタッフやボランティアの多くが当事者であることも相互理解と共感を生む素地になっています。それゆえ〝519〟のプログラムは分野も対象も多様であり、困っていることがあれば必ずサービスにつながるよう、ニーズの掘り起こしから具体的なサポートまで徹底し、現在は二百余の団体がセンターの活動に関わっています。

(3) 建物と室内空間

〝519〟はレンガ造りの瀟洒な既存建物に新館が増築され、LGBTQのシンボルであるレインボーカラーが壁面やブラインドに施され、フラッグが掲げられています。新館1階には食事やコーヒーを提供するコミュニティカフェがあり（図7）、センターでのイベント時にはヘルシーな食事を提供したり、ケータリングも行っています。カフェはストリート沿いにオープンシートを設け、地域に開かれた明るいスペースはまちの人びとやセンター利用者のくつろぎの場になっています。同時に、コミュニティカフェはLGBTQの人びとが実

リラックスして相談できる面談室1

インテリアの異なる面談室2

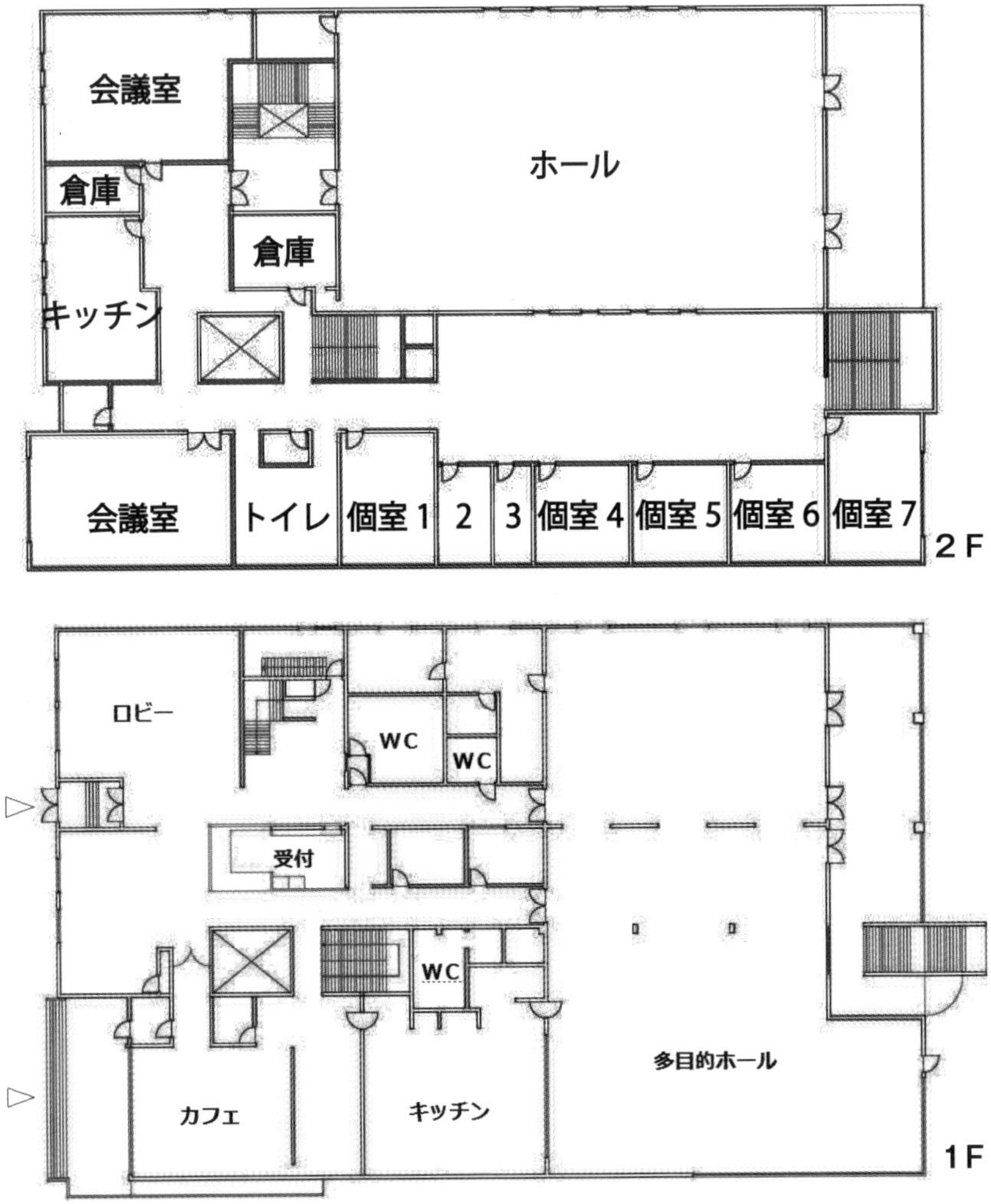

図７　519コミュニティセンターのプラン

際に仕事に就くまでの訓練プログラムや雇用機会として活用され、社会的支援の場でもあります。また、スタッフがカフェ利用者のなかに何らかの課題をもつ人を見出し、サービスにつなぐなど、窓口機能ももちます。カフェというカジュアルな空間だからこそ誰もがアクセスしやすく、地域との接点をもつ窓口としてコミュニティカフェは重要な役割を果たしています。カフェの隣にある〝519〟のエントランスロビーは、一転してモノトーンの内装に絵画、スツール、インフォメーションカウンターだけのスタイリッシュな空間が広がります。そこには静かな時間が流れ、利用者は思い思いに過ごし、必要があればスタッフに声をかけることができます。

〝519〟には、カフェ、ロビーのほかにイベントホール、多目的ホール、相談室、コミュニティキッチン、屋上庭園など大小さまざまの部屋が設けられています。ホールではパフォーマンス、パーティー、ウェディングなどが催され、メンバーだけでなく地域の多彩な団体が利用できるよう無料で貸し出しています。相談室はくつろいで話ができるようにソファや長椅子が置かれ、利用者カーテン越しに入る陽ざしはやわらかく、自宅の個室にい

オールジェンダートイレ

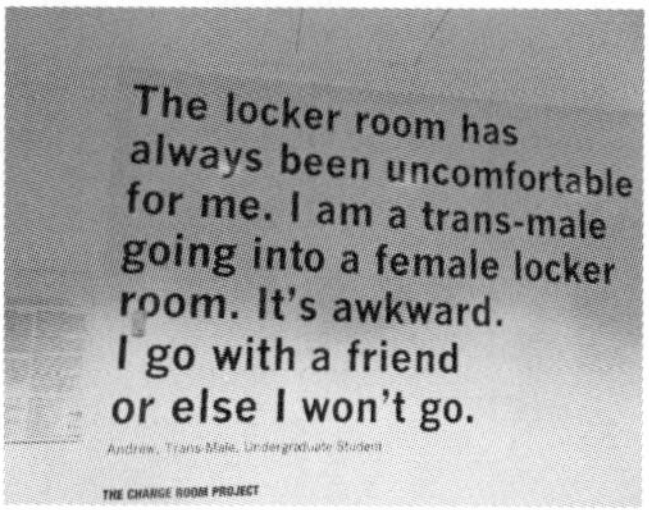

利用者への掲示

白を基調にしたモダンな待合コーナー

料理を通じたさまざまなプログラムが展開されるコミュニティキッチン

るような印象です。室内は全体的に白を基調としたシンプルモダンで、廊下や壁の随所に、〝519〟のコンセプト、ビジョン、メッセージを伝える絵画やポスターが目につきます。

〝519〟では空間づくりに対しても細心の注意を払い、「Safer Space」（より安全な場所）というコンセプトに基づいたデザインが徹底されています。例えば、トイレは利用者の生物学的性ではなく自己認識で利用し、オールジェンダーを併せて3種類のトイレが設置されています。そして、利用者が「ここはより安全な場所」であることを感じるには、視覚に訴えることが何よりも重要としています。つまり、利用者は五感を通じて安全な場であることを確認し、初めて安心してサービスを受けることができます。よって、施設空間は〝519〟を構成する重要なファクターであり、デザインにも創意工夫が施されています。もちろん、〝519〟が「より安全な場所」であるためにはハード面だけでなく、利用時には互いに尊重する、違いを認める、決めつけない、自分の呼び名は自分で決めるなど（彼、彼女のいずれでもない人がいる）基本的なルールが決められています。

このことについて、オンタリオ州ではヒューマンライツコード（人権法典）＊により、あらゆるグループが社会に属することを法典で定めていますが、〝519〟ではその理念をLGBTQへの支援を通じて実践しています。そのためには、〝519〟が安全な場所であることを体感できる空間が必要であり、ハードとソフトが融合することで安心してプログラムを受けられ、すべての人の権利が保障されることを示しています。

＊ヒューマンライツコードとは、オンタリオ人権法典であり、関連する主な条文は次の通りである。
第1条：全ての個人は、サービスや商品及び施設を利用する場合、人種、先祖、出身地、皮膚の色、出身民族、国籍、信条・主義、性別、性志向、年齢、結婚歴、家族の状況、障害、政府の生活保護を受けていることを理由に差別を受けることなく平等に取り扱われる権利を有する。
第4条（1）：16歳または17歳で親の保護を離れた全ての個人は、18歳未満であるという理由で、住居施設の住居者になる契約をする場合に、差別を受けることなく平等の取り扱いを受ける権利を有する。（以上はOntario Human Rights Code, R.S.O. 1990,c.H.19より菊池幸工の訳による）

5 「ベストスタート」モデル都市・ハミルトンの既存資源活用型コミュニティハブ

（1）ハミルトン市の概要

ハミルトン市はオンタリオ湖の南西部、トロントとナイアガラの滝に中間に位置し、市域１、１１７・11㎢、人口５１９９５０人（２０１１年国勢調査）、人口規模ではカナダ第９位の都市です。移民の割合はトロント（約50%）やバンクーバー（約40%）に比べて少なく約25%ですが、主にイタリア、アイルランド、ドイツ、アジアから移住しています。20世紀前半までは重工業を中心に鉄鋼のまちとして栄えていましたが、20世紀後半には衰退し、産業は交通、教育、保健などのサービス業にシフトしています。現在のハミルトン市は２００１年にアンカスター、ダンダス、フラムボロー、グランブロック、ストーニークリークの近隣５自治体が合併し、旧ハミル

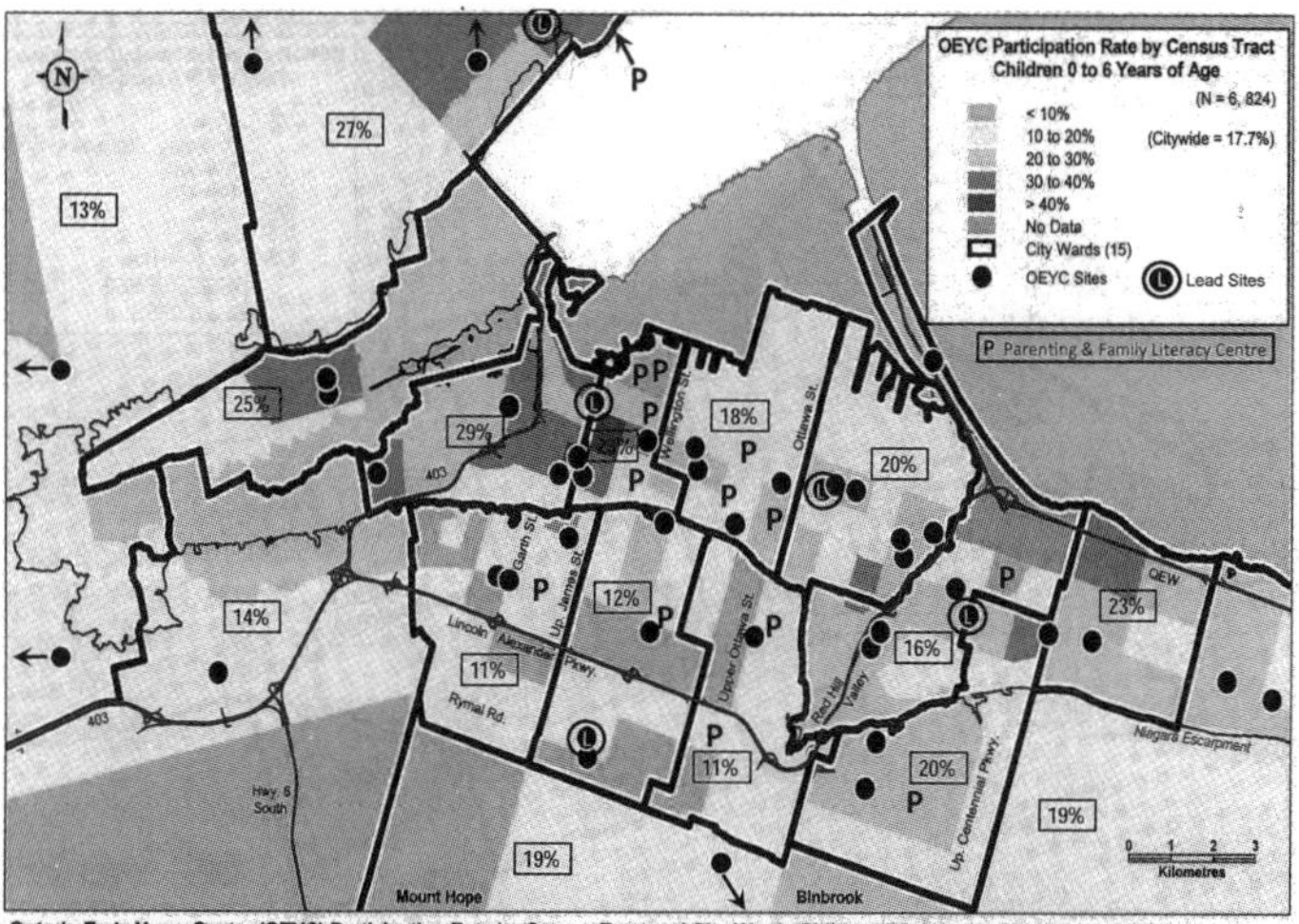

Ontario Early Years Centre (OEYC) Participation Rate by Census Tract and City Ward - Children 0-6 - August 2014 to July 2015
City of Hamilton; Community & Emergency Services; Performance, Planning & Evaluation; Early Years Reseach Team (EYRT) - September 2015

トンの100地区に周辺地区を含めた新都市として誕生しました。ハミルトン市内はトロントと同様に選挙区に基づく15ワードに分かれ、1ワード当たり2～5万人の構成になっています。

（2）ハミルトン市の子ども家庭支援の沿革

ハミルトン市のコミュニティハブの整備は、オンタリオ州が教育改革「Best Start strategy」を推進するため、拠点である「アーリーイヤーセンターの設置」に関するプロポーザルを行い、市が応募したことに始まります。2004年のことです。ハミルトン市はかねてより、子ども家庭支援に関わる団体、機関が協議する場が豊富にあったことから、プロポーザルでは既存資源を基に「Ontario Early Years Centre」を設置する提案を行ったところ、州政府はハミルトンの協働体制を高く評価し、2006年にベストスタート・コンセプト・モデル都市に指定しました。州政府はこのとき3自治体をベストスタート戦略のモデル都市に指定しましたが（他にチャダムケントン、テメスコミン北部）、ハミルトンが最も人口規模の大きい都市でした。

オンタリオ州がベストスタート戦略を掲げてから10年余、ハミルトン市はもとより、各自治体はさまざまな方法で改革を推進し、全日制幼稚園も普及しています。2016年2月、オンタリオ州教育省は改革の第2フェーズとして「Ontario Early Years Child and Family Centre」構想を示し、2018年までに家族サービスを統合し、ひとつのハブとして運営するよう自治体に指示しました。ハミルトン市はベストスタート・モデル都市に選定されたことを機に、最も子育てしやすい都市として独自の取り組みを展開し、家族サービスを統合する試みも州政府に先駆けて着手しています。

(3) ハミルトン市のコミュニティハブ

ハミルトン市はベストスタート戦略の改革を実践するに当たり、市全域を「アンカスター／ダンダス／フラムボロー」「ハミルトンイースト」「ハミルトンマウンテン」「ハミルトンウェスト」「ストーニークリーク」の5地区に分け、地区に1か所ずつコミュニティハブを整備しました。ハブに位置づいたのはコミュニティセンター、学校、その他の公共施設などさまざまですが、いずれも新たな建物を建設するのではなく、地域で活発にプログラムを展開し、人びとによく知られた実績のある施設を活用しました。市の担当者は地域で既に実績があることを「ナチュラルハブ」と表現し、ナチュラルハブに蓄積された資源を活かしてベストスタートを推進しようとしました。

ナチュラルハブは必ずしも子ども関連施設や乳幼児向けサービスを主としていたわけではなく、なかには高齢者や障害者支援が主力のセンターもありました。市はむしろ、地域のニーズを捉え、ニーズに応えたプログラムを提供する人材とネットワークがあり、地区の人びとに親しまれている施設で、かつ、新たにOntario Early Years Centreを付加するスペースがあることを重視しました。言い換えると、ニーズ、人材、ネットワーク、認知度（親しみ）

壁面のサイン

オンタリオアーリーイヤーセンター入口

というソフトと、ハード面での余剰空間を利用してコミュニティハブに再編し、乳幼児期から学童期のサービスを強化しました。新たに州が掲げる「Ontario Early Years Children Family Centre」についても、市は1つの地区でハミルトン独自のセンターをスタートさせています。5地区のコミュニティハブは、いずれもアーリーイヤーズプログラムを展開する地区拠点ですが、他のサービスは地区特性や既存のサービスによって異なります。例えば、コミュニティセンターをハブ化した地区でのもう1つの柱は高齢者支援です。

現在、ハミルトン市全体では5地区のコミュニティハブのほかに、フランス語圏の人びとを対象としたハブ、低所得層の多い先住民を対象としたハブ、若い親のためのハブがあり、いずれもアーリーイヤーズプログラムと同等のサービスが提供されています。

トロント市のコミュニティハブは、それぞれが独自の方法でニーズを把握し、プログラムを提供していましたが、ハミルトン市ではすべての地区において、コミュニティハブに位置づいた「Ontario Early Years Centre」をリードサイトとし、サテライトとしてネイバーフッド・サイトを5~10か所設けています。ネイバーフッド・サイトは図書館、教会、学校、大学、アパート、リクリエーションセンターなどさまざまな場所にあり、ニーズのある場所に、アーリーイヤーズプログラムを提供できるスペースがあれば、柔軟にサテライトとしています。現在、市全体で約40か所のネイバーフッド・サイトがあります。このように、ハミルトン市では既存資源を活用したコミュニティハブに「Ontario Early Years Centre」を付加し、より家庭に近い場所にはサテライトを配置し、地区全体でサービスをつなぎながら子育て家

コミュニティキッチン

アクティビティルームの様子

庭をカバーしています。

（4）コミュニティハブの運営体制

コミュニティハブは市の委託を受けた民間団体が州と市の資金を得て運営しています。センター長とプログラムのコーディネーターは市の職員が常駐で担当し、ニーズのリサーチ、プログラムの立案、実施、点検など、各種専門家や地区のパートナーとプログラムを運営しています。メインのコミュニティハブでは、特に地区の多様なニーズをつかみ、いかにサービスにつなげるかが重要な仕事になります。例えば、低所得層の多い先住民の子育て家庭には、雇用、住宅、教育、保育などさまざまなニーズがあります。コーディネーターはこれらのニーズをサービスにつなぐためにプログラムを計画し、先住民の近くで提供できるようスペース、スタッフ、財源を確保して実施します。また、サービスに届かない住民がいないよう他のサービスとの連携を築くとともに、ニーズの変化に応じたプログラムの点検と更新を行います。

全市的にはベストスタート戦略を推進する組織「ハミルトン市ベストスタートネットワーク」が10年前から存在し、オンタリオ州の担当者を交えて毎月ミーティングを行っています。「ハミルトン市ベストスタートネットワーク」は、乳幼児期のサービスを展開する市内の55団体・機関が参画し、ネットワーク会議にはセンター長をはじめ、各エージェントの責任者が出席します。この会議では近年、参画メンバーでは対応が難しい乳幼児期以降のサポート

コミュニティハブには州のメッセージも2つの言語で掲示

についても議論し、他のエージェントにつなぐためのネットワークシステムの改善を図っています。また、すべてのエージェントが使用できる共通のアセスメントツールの開発も進めています。

アーリーラーニングの様子

アーリーラーニングで相談にのる歯科医師

ハブとなったコミュニティセンターのジムでの親子教室

ハブとなったチャイルドケアでのプログラム

おわりに――コミュニティハブのデザイン

【5つの多様性】

カナダ・オンタリオ州は「最も働きやすい、最も暮らしやすい、最も子育てしやすい州」を掲げ、10年余にわたる改革を進めてきました。行動計画で触れているコミュニティハブは「子育て真っ最中の家庭が出会う問題や困りごとに対応する多種多様で幅の広い支援を行う場」であり、多種多様という言葉が示すとおり、コミュニティの多様なニーズを拾い独自にサービスを提供しています。ゆえに、ひとつとして同じカタチのコミュニティハブはありません。それだけでなく、提供するサービスの効果を検証し、新たなサービスが必要であれば資金を獲得して提供し、ハブ自体も同じカタチに留まらず進化しています。本章で紹介したコミュニティハブは、若者の居場所づくりからスタートしたウォーターフロントネイバフッドセンター、ワーストスラムからヒューマンサービスインテグレートのパイロット地区に生まれ変わるリージェントパーク、性的マイノリティに焦点を当てた519コミュニティセンター、移民難民を抱えるブレイクストリート、オンタリオ州ベストスタート・コンセプト・

モデル都市であるハミルトン市など、本書の事例だけでもバラエティに富んでいます。この多様性こそコミュニティハブの魅力であり、コミュニティの当事者たちがいかに支援を届けるか、特に社会的不利をもつ子どもや家庭にサービスをいかにつなぐかを模索してきたカタチです。

コミュニティハブは行政のガイドラインや設置基準など、いわゆるひな形が存在しません。よって、コミュニティハブの運営者たちは地区のニーズに応えるカタチを独自に試行錯誤し、結果として、ひとつずつ違うハブになっています。本書では紹介できませんでしたが、トロントにはまだ数多くの特徴的なハブがあります。その多くの事例は、日本でこれから整備が始まる地域の子ども家庭支援拠点に何らかのヒントを与えてくれると思います。

これまでに幾度も述べた多様性について、もう少し詳しく見ると、コミュニティハブには5つの多様性が見出せます。

第1はなりたちの多様性です。住民運動に端を発したウォーターフロント、大規模再開発にみる行政と民間とがタグを組んだリージェントパーク、ナチュラルハブと表現されるハミルトン、ゲイ・カルチャーからエンパワメントした519センターなど、コミュニティハブの出自はさまざまで、それが今日のカタチにもつながっています。

第2は対象の多様性です。乳幼児から学童期を対象としたハブ、LGBTQに焦点化したハブ、言葉や文化の壁を越えるユニバーサルなハブ、あらゆるライフステージをカバーするマルチハブなど、対象とする年齢、属性、アイデンティティはハブによって異なり、提供するサービスも多彩です。

第3はプログラムの多様性です。直接的な子ども家庭支援やアクティビティだけでなく、親の就業、教育、住宅、ユースの創作活動、フードバンク、虐待やいじめ防止、生きるスキル、さらには人権や差別など生そのものに関わるプログラムなど、プログラムにはハブのビジョンが最も現れています。さらに、これらのプログラムはニーズと効果を検証してブラッシュアップしています。

第4はつなぎ方の多様性です。ハブでサービスを提供するだけでなく、地区の複数のサービスをつなぎながら地区全体でカバーするハブ、リードサイトとサテライトで地区を網羅するハブ、適切なサービスがあれば地区に限らずどこへでもつなぐハブ、外部からサービスを呼び込んで提供するハブなど、ハブでのつなぎ方は多様です。但し、つなぐだけではなく、その後のケアやコンタクトを取り続けることによって放置せず、孤立しないよう目配りしています。

第5は空間の多様性です。学校、コミュニティセンター、空き施設などコミュニティハブの器となる空間は規模も用途も予算もまちまちです。同じハブのなかでもプログラグラムや対象に応じてインテリアが違います。しかし、いずれのハブも豪華な施設ではなく、さりとて決して貧弱な施設ではありません。最も重要なことは、すべての人がアクセスしやすく、安心してサービスが受けられ、サービスを効果的に提供できる空間です。相談する空間はプライバシーが確保され、弱い立場にある人がリラックスして相談できる空間です。そして、それらの人びとが「ここは安全」と感じられる空間です。スタッフはプログラムの検討とともに、どのような空間が相応しいか、アイディアを出し合うことで、ハブは多様で魅力的な居場所になっています。もちろん、地区のニーズが変われば、プログラムも空間も変わっていきます。

これらの個性豊かなコミュニティハブがまち全体にネットワークし、そのネットワークすらサービスを必要とするすべての人びとに届くよう変化しています。したがって、行政もハブの責任者も、トロント市のサービスの全体像が把握できていません。しかしながら、入れ子のようなネットワークによって、どんな困りごとがあっても必ずどこかのサービスにつながることが重要であり、このことにおいてまちづくりや建物、インテリアといった空間デザインの視点が必要なのです。

【5つの共通性】

「コミュニティハブはひとつとして同じカタチはない」と強調してきましたが、一方で、コミュニティハブのすべてに通底するキーワードがあります。それは、最も弱い立場の人にサービスを届けるために、それぞれのハブが模索してきた帰結として、すべてのハブが共通して備えているものです。このゆるぎない基礎があるから多様性が魅力となります。

その第1はユニバーサルなアクセスとすべての人へのアクセス保障です。複雑な背景や事情をもつ人びとほど情報やサービスが得にくく、孤立しがちです。よってハブはすべての人がアクセスしやすく、アクセスできることを最重要視しています。そのために、アクセスの妨げになるもの、例えば、言語、情報、物理的、心理的、社会的、経済的といったバリアをできる限り排除し、誰もが公平にアクセスできることが求められます。お金がなくてもプログラムを継続して受けられる工夫もそのひとつです。

第2はアンテナです。アクセスに関連しますが、ニーズを見出すアンテナが柔軟であることです。例えば、難民申請や公営住宅の手続きに来た人の様子から子育て支援サービスにつなぐ、あるいは、チャイルドケアから親のジョブトレーニングにつなぐといったことです。子育て家庭の問題は必ずしも子どもや子育てに限らず、離婚、借金、仕事、アルコール依存、疾患、住宅など保護者自身の生活や心身の問題が背後にあるため、スタッフは柔軟なアンテナをもって小さなシグナルを見落とさないようにしています。同時に、ハブでは地区のリサーチに注力し、人口動態やセンサスといった客観的データから住民の会話に至るまで、アンテナを広げてニーズ把握に努めています。このことがプログラムの立案にもつながります。

第3はワンストップです。ハブはつなぐ拠点であり、必ず何らかのサービスにつながるワンストップ型の窓口として機能しています。トロント市は10年前から機関や部署をたらい回しにならず1か所でサービスを提供できるよう、乱立する地域のサービスの統合を図ってきました。今後はさらにその枠を拡大し、チャイルドケア、雇用、ソーシャルサービスの3部門の統合をめざす、ヒューマンサービス・インテグレーションに動いています。州の示すアーリーイヤーチャイルドファミリーセンターも同様の方向です。これらの方向が示すのは、包括支援とは、保育、教育、子育て支援のみならず、雇用や住宅などソーシャルサービスをも統合した生活全体を社会で支えるサービスにシフトすることです。コミュニティハブはまさにその窓口として機能しています。

第4はリソースの発掘と活用です。ハブの多くは既にある建物、人、ネットワーク、情報などを活用し、新たなサービスやスペースを付加してバージョンアップしています。リージェントパークは再開発という性格上、既存をリセットしてゼロからつくりあげていますが、他のハブはハードもソフトも既存のリソースを再編、更新して今日のカタチを築いています。

第5は空間への愛着です。多様性でも述べましたが、コミュニティハブは、人びとが安全で安心して効果的にサービスを受けられる空間づくりを非常に大事にしています。サービスと空間は車の両輪であり、スタッフは部屋の種類、プラン、色、家具、部屋の使い方までアイデアを出しています。

以上のように、コミュニティハブの多様性と通底する共通性はコミュニティのニーズに応えるプロセスで生まれたコミュニティハブのデザインエッセンスと言えます。しかしながら、コミュニティハブですべて完結するかというと、必ずしもそうはいかない場合があります。ハブでさまざまなサービスをつなげてもなお解決できない課題に対しては、「はじめに」で述べたように、子どもアドボカシーが最後の砦となります。子どもアドボカシーは地域に基盤をもち、コミュニティハブと連携して機能します。つまり、最後の砦である子どものアドボカシーが地域に根差しているからこそ、コミュニティハブが地域の中核として支援をつなぐ最前線に位置づきます。私たちが訪問時によく耳にした「サービスの網の目からこぼれ落ちる子どもと家庭を一人もつくらない」という言葉こそ、社会全体で共有されている子どもも家庭サービスの真髄であり、その最前線であるコミュニティハブのデザインの原点です。

※掲載図面は現地調査時のスケッチ、写真をもとに、摂南大学理工学部建築学科大谷研究室、木下昂祐、久木弦（元・ゼミ生）、中谷友里亜、中日裏碧（現・4年生）が作成しました。

第3部

子どもの権利擁護をすすめるアドボカシー事務所の活動

第1章　オンタリオ州アドボカシー事務所が、いま取り組んでいること

第1部において、第190回国会に提出されていた児童福祉法等の一部を改正する法律案が参議院において全会一致で可決され、6月3日に公布されたことにふれられています。改正児童福祉法には、その先頭に、児童の権利に関する条約（以下、子どもの権利条約）の精神に立脚して、子どもは適切に養育される権利、生活を保障される権利、愛され保護される権利、成長・発達並びに自立への権利、その他の福祉を等しく保障される権利をもつ、と明確に規定されたことが記されていることが述べられています。長年法学者らによって、子どもの権利条約の批准にあたって現行の国内法を照らし合わせ、子どもの権利保障のための法整備をする必要性が指摘されてきましたが、法整備さえされれば、これで子どもの権利は児童養護の現場で保障されると言えるのでしょうか。

ここでは、カナダ・オンタリオ州の子ども権利擁護制度とその実践を、事務所のホームページから学び、日本における子どもの権利擁護制度の確立に向けて、その参考にしたいと思います。

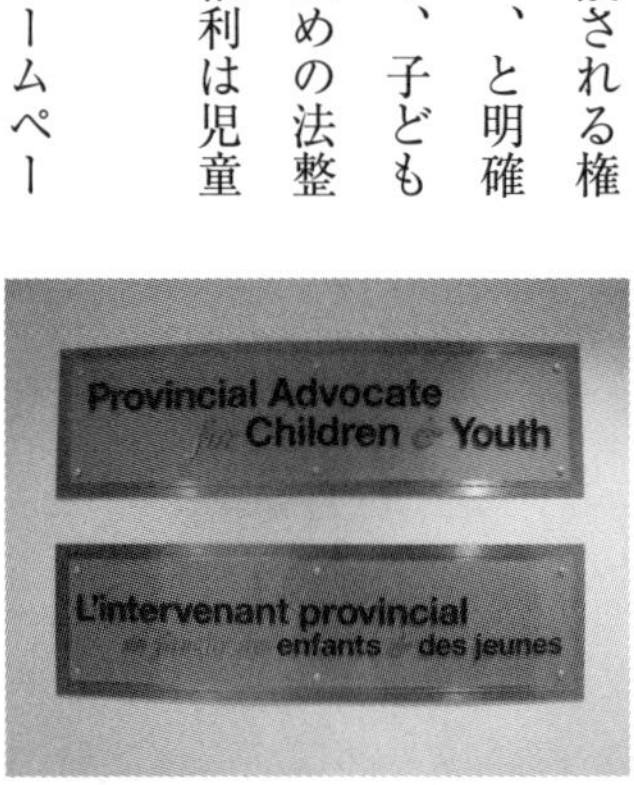

アドボカシー事務所の看板。英語とフランス語で表示されている。

1、オンタリオ州アドボカシー事務所について

オンタリオ州には、政府の責任の下で社会的養護を受けている（インケア）子ども及び若者（ユース）の独立した「声」としてThe Office of the Provincial Advocate for Children and Youth（Advocacy Office：以下、アドボカシー事務所）があります。オンタリオ州議会に直属する公の機関で、Provincial Advocate（州アドボキット：現在アドボカシー事務所所長アーウィン・エルマン氏）*は子どもやユースとパートナーとなって一緒に彼らの声を聴き、彼らが抱える問題を解決するため、彼らの声を上に持ち上げます。ここで「上に持ち上げる」とは、子どもたちの生活や将来に関わる決定権を持つ人びと、とりわけ、政治家など政策決定者に彼らの声を直接届けることです。

アドボカシー事務所の対象となる子どもやユースは、児童福祉、触法、メンタルヘルス、発達支援や医療サービスを受けている者たちです。さらに、視覚・聴覚障害者、重度の学習障害者の学校などの州政府が経営する学校の生徒**、裁判所の留置所から移動中の者も含めた留置所に拘束されている者、先住民の子ども、そして、スペシャルニーズ（重度の身体的・精神的障害を持つため特別な支援が必要）の子どもたちです。

アドボカシー事務所の存在と任務を規定する根拠法は、Provincial Advocate for Children And Youth Act.2007（オンタリオ州子どもユースアドボカシー法：２００７年施行）です。この

*英語のAdvocateは「アドボカシー活動をする人」の意として、ここでは日本語の表記として「アドボキット」に統一する。

**通常、学校は市の教育委員会が運営しているが、視覚・聴覚障害者、重度の学習障害者の学校は、州政府が運営している。

法律を基にアドボカシー事務所は、子どもやユースから要請や苦情が来た時に応える場合と、事務所が自発的に問題を抱える子どもやユース個人、または、グループに代わって政府や施設、制度、機関、およびサービス提供者に対し評価、勧告、アドバイスをする場合があります。子どもの権利条約の原則に基づき、「聞いてもらう権利」も含めて、州アドボキットは、その業務遂行のすべてにおいて、子どもやユースによる「意味のある参加」実践のモデルになるように日ごろから努めています（具体的には第3章を参照のこと）。

議会に直属する独立した州アドボキットを置く理由は以下のように説明されています。

(1)先住民およびスペシャルニーズの子どもやユースも含め、彼らに独立した声を出す機会を与え、彼らとパートナーとなって彼らの抱える問題を解決に向け前進させる。

(2)子どもやその家族と、彼らにサービスを提供する人たちとの間のコミュニケーションおよび理解を促す。

(3)子どもや彼らの保護者に対して、子どもの権利について教育および啓発をする。

2、アドボカシー事務所のミッション

オンタリオ州アドボカシー事務所は、政府の制度および政策を通して社会的養護を受けている子どもやユースを含めたあらゆる人を対象とします。事務所は、その任務遂行においてユースによる参加がすべての段階で模範的になるように努めています。以下、アドボカシー

22階にアドボカシー事務所が入るオフィスビル（右）の真向かいに旧市庁舎の時計台がある。

事務所のミッションとクライアントについて見てみましょう。さらに、アドボカシー事務所の活動を、子どもの側から理解するために、「よくある問い」についても見ることにします。

(1)アドボカシー事務所のミッションの基本的な内容は、以下のとおりです。

・子どもやユースをエンパワー（潜在的な能力を引き出す）する。
・子どもやユースの尊厳を守り、聴いてもらう権利（right to be heard）を尊重する。
・子どもやユースへの食事提供・支援および権利擁護の第一義的リソースは家族にあることを認識する。
・すべての子どもやユースは平等であり、彼らの多様性を尊重する。
・子どもやユース、家族の問題解決には、敵対的にならないよう、互いに協力して行う方法をとる。
・子どもやユース、および家族へのリソースとサービスは、コミュニティが全体責任として提供することを認識する。
・子どもやユース、家族のニーズに応える制度が必要であることを認識する。
・コミュニティアウトリーチは継続的な活動であることを認識する。

(2)アドボカシー事務所の具体的なクライアント（サービス対象者）は、以下のとおりです。

・触法行為をしたユースで閉鎖施設にいるか拘留されている者、開放施設にいる者、CAS（日本の児童相談所に相当）監督下コミュニティで生活している者、あるいは、仮釈

調査部門による「拘束された経験」の経験談を募集するポスター

放中の者。

・児童福祉制度の下で養護されている子どもで里親と住む者、グループホームに住んでいる者、寄宿舎制養護施設で生活する者、あるいは、家庭に居ながらケアを受けている者。
・閉鎖治療施設、寄宿舎制養護施設、治療里親、または家庭でケアを受けながらメンタルヘルスサービスを受けている子ども。
・寄宿舎制養護施設もしくは家庭でケアを受けている知的および発達障害の子ども。
・移民の子ども（親から孤立して暮らしている）。
・ストリートキッズ（住所不定の子ども、シェルターにいる子ども）。
・視覚・聴覚障害者、および学習障害で寄宿舎制の学校に通っている子ども。
・家庭に住んでいるスペシャルニーズの子ども。
・特別学級で学習しているスペシャルニーズの子ども。
・保留地の内外に住む先住民の子ども。
・社会的養護を受けている間に死亡した子ども。
・最も重い罪を犯した子ども。

(3)アドボカシー事務所には以下のような問い合わせがよくきます。

Q１：アドボキットは何をしてくれるのですか？

子どもやユースの話を聞き、彼らの権利が守られているかどうか確認します。もし、守られていなければ、本人が自分で苦情申し立て制度に則って苦情を言えるように支援します。

視覚・聴覚障碍者のアドボキットの部屋

時には、本人である子どもに代わってアドボカシー事務所が直接介入することもあります。もし、大人が連絡してきた場合は、子どもの意思を尊重するように注意深く対応します。それは、アドボカシー事務所のクライアントは子どもだからです。

Q2：どんなサービスをするのですか？

子どもやユースの声がきちんと聴かれることを保障するために、彼らが声を出せるように支援します。また、彼らに代わってアドボカシー事務所が声を出すこともあります。

Q3：子どもやユースの権利をどうやって保障するのですか？

子どもの権利は、オンタリオ州子ども家庭サービス法（Ontario Child and Family Services Act）や青少年犯罪法（Youth Criminal Act）で明確に保障されています。子どもやユースからの電話の内容が、この法律で保障された特定の権利に関わることであれば、関係する大人に対してこれらの権利を守るように伝えます。子どもやユースの権利に関しては、子どもの権利条約および「カナダ権利と自由の憲章（Canadian Charter of Rights and Freedoms）」でもはっきりと保障されています。アドボキットは、これらの条約や憲章の条文に基づき、きちんと子どもの権利を守るように関係機関や関係者に伝えます。

⑷子どもの権利と子どものケアについて

カナダ政府は1991年に子どもの権利条約を批准しました。それにより、カナダは子どもへの対応には尊厳と敬意をもって行うことを約束したのです。この約束には、子どもに「声」を出す機会を提供すること、危害を加えられないようにすること、基本的なニーズを

事務所には多くの報告書が並べられており、自由に入手できる。

充足すること、そして、一人ひとりにそれぞれの最大限の潜在的可能性を実現する機会を提供することが含まれています。

子どもの権利条約は、次の4つの基本原則で成り立っています。

第3条：子どもへの対応をするときは、子どもの最善の利益を最優先する

第6条：生命の権利、生存と発達の権利の保障

第12条：参加する権利の保障

第2条：すべての権利は、差別なく例外なく、すべての子どもに所属する

また、子どもの権利条約は、子どもやユースの生活にカギを握るのは親であり家族であることも認めています。

アドボキットのオードリーさんの部屋

3、アドボカシー事務所の具体的な活動と任務

アドボカシー事務所で行われているアドボカシー活動には、以下の3種類があります（2015年アドボカシー事務所の議会報告書から）。

①個別の権利擁護アドボカシー　Individual Rights Advocacy

子どもたち当事者のみならず、その親、保護者、その他の人たちで子どもの権利を守り、子どもたちの声が聴かれることを保障したいと思う人たちから年に何千本とかかってくる電話に個別に対応しています。アドボキットは、これら電話をかけてくる子どもやユース本人

から直接話を聞き、必要に応じて、当事者と一緒に彼らの権利を主張し保障してもらうための戦略を考えます。アドボキットは、苦情を訴えた子ども本人の問題が解決に向けて取り組まれるまでフォローします。

②制度へのアドボカシー　Systemic Advocacy

子どもやユースたちからかかってくる電話の苦情の内容にあるパターンが見られるようであれば、さらに深くかかわる「制度へのアドボカシー」活動をします。ここでいう「制度(System)」とは、政府の政策や法律や制度・規制などを言い、組織や団体が子どもやユースにサービスを提供する場合の義務などに関係しているものを指します。また、それら組織や団体の政策やサービスの実践なども指します。制度へのアドボカシーをするときは、問題の直接当事者である子どもやユースが持っている強みや専門性を引き出し、彼らと一緒になって、政策や予算及びサービスの実践など様々なレベルで改善の勧告を行います。そして、サービス提供者、政策（意思）決定者、及び、一般の人に対して、政府のサービスを必要とする子どもやユースへの考え方や態度の改善を促します。

なお、アドボカシー事務所に電話がかかってくる主な理由は以下の通りです。

「自分の権利について知りたい」「自分に対する対応が不適切だ」「リソースが必要だ」「情報が欲しい」「アドボカシー事務所へ連絡することを拒否された」「必要なサービスが受けられない」「家族へ連絡ができない」「自分の文化的・宗教的背景についてもっと知りたい」など。

アーウィン・エルマン所長

③コミュニティ開発アドボカシー　Community Development Advocacy

相談される問題が、ある特定の地域のグループやユース全体に関わる場合は、「コミュニティ開発アドボカシー活動」を行います。この場合、アドボキットはユースと彼らを支援している「自然なサポーター（近所の大人や学校の先生、医者、牧師など、日常から子どもを支援している人たち）」や仲間（同志・同盟者）たちに対して、彼らがユースのためにアドボカシー活動ができるようにスキルや知識を与え、ユースの願いが実現できるように支援します。アウトリーチやユースへの啓発もこの活動に入ります。アドボカシー事務所は、また、子どもやユースのみならず、専門学校や大学、コミュニティの団体、その他のグループに対しても権利に関する教育やワークショップ、情報提供などをして、アドボカシー事務所の役割について伝えています。

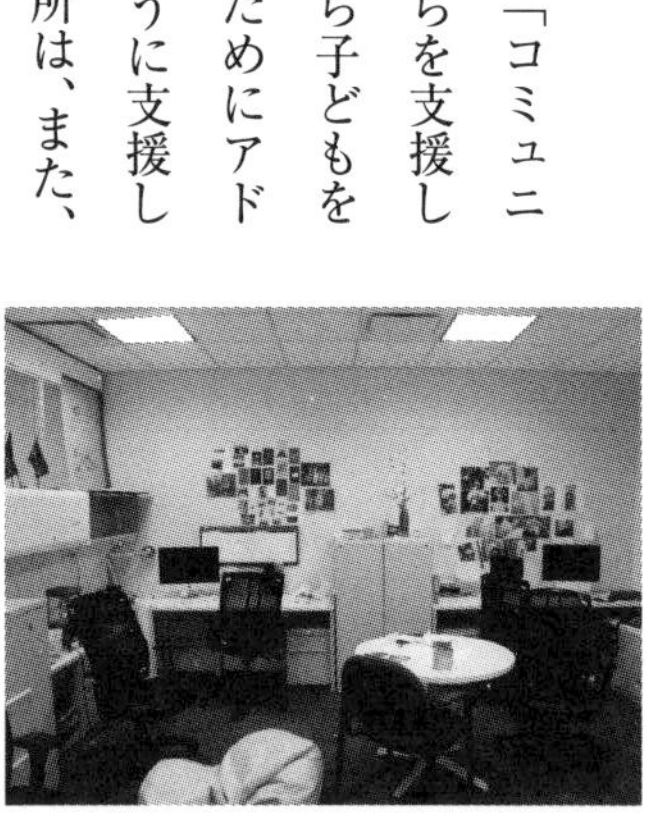
ユースの仕事部屋

④その他の重要な任務

〈調査　Investigation〉

最近、事務所の任務および権限は拡大され、２０１６年初頭に「調査（Investigation）」が加わりました。法的根拠は、the Public Sector and Member of Provincial Parliament（MPP）Accountability and Transparency Act：2014（公務員及び州議会議員の責任および透明性に関する法律：２０１４年施行）が改訂されたことにより、Provincial Advocate for Children and Youth Act（2007）に事務所の調査権限が加わったことです。Children's Aid Society（ＣＡＳ：日本の児童相談所に相当する）及び、ＣＡＳと契約を結び委託を受けて寄宿制のサービスを提供する機関に対し、ＣＡＳの養護にある子どもの生活に関する事柄に関連して調査し、勧告を出すことができるようになりました。

〈インクエストでの提言〉

インクエストとは、人が死亡した場合、その死因を突き止めるための公聴会ということができます。オンタリオ州では、社会的養護にいる子どもが死亡した場合に、「検死官法（the Coroner's Act)」に基づいて、その子どもが死んだ原因を突き止めるためのインクエストが開かれます。このインクエストにおけるアドボカシー事務所の役割は、機関の独立性を維持して子どもの独立した声を代弁し、社会的擁護にいる子どもたちとそのサービス提供者・制度の関係者との間の対話を促し、子どもの権利に関して住民及びサービス提供者を啓発することとしています。インケアの子どもが死亡した場合のインクエストに、アドボカシー事務所は以前から参加してはいましたが、２００７年に政府から独立して議会直属になってからは、これまで以上に積極的に参加することを表明し、亡くなった子どものみならず、現在同じような境遇にいる子どもたちの声を代弁し、同じような悲劇を繰り返さないためにユースと協力しながらインクエストに参加して提言を行っています（次章で詳しく述べます）。

4、アドボカシー事務所のサービス（ケース）の統計

２０１４~２０１５年、アドボカシー事務所には２７３３人からの電話相談がありまし

た。アドボカシー活動の中で「個別アドボカシー」のケースには以下の3種類があります。

①苦情解決：生活している施設などに対する苦情がある時に、解決のための戦略計画を立てます。苦情には、不公平な扱いを受けた、職員が不適切な対処をした、安全が保障されない等があります。

②ケアに関する相談：子どもが直面している問題に関する情報を本人に提供します。

③権利に関するアドバイス：緊急閉鎖施設での対応に関わる権利に関する助言をします。

上記の「個別アドボカシー」に関して、実際の電話による相談の中身を構成比で具体的に見ると次のようになります（２０１４年４月１日～２０１５年３月31日）。

①苦情解決（Dispute Resolution）の割合は全体の52・８％、以下が構成比です。

・児童福祉関連（47・12％）・青年犯罪関連（33・20％）・スペシャルニーズ（9・24％）・子どものメンタルヘルス（8・75％）・州政府運営の学校（1・47％）・留置所（0・04％）

②ケアに関する相談（Care Consultation）の割合は全体の38・12％、以下が年齢層別構成比です。これで見ると、12歳から17歳に多いのがわかります。

・1～6歳（9・47％）・7～11歳（13・68％）・12～15歳（36・32％）・16～17歳（26・84％）・18～19歳（10・53％）・20歳～（3・16％）

③権利に関するアドバイス（Rights Advice）の割合は全体の9・08％、以下が詳細年齢層別構成比です。これによると、ほとんどは12歳から15歳に集中しています。

・1～6歳（0・00％）・7～11歳（3・57％）・12～15歳（96・43％）・16～17歳（0・00％）・

18～19歳（0・00％）・20歳～（0・00％）

5、アドボカシー事務所の歴史

1978年：最初のオンタリオ州子ども家庭アドボカシー事務所（The Office of Child and Family Advocacy: OCFA）が開設されました。開設したのはDefense For Children-Canada 創設者のレス・ホーン（Les Horne）氏です。

1984年：この年成立した子ども家庭サービス法（the Child and Family Services Act）で法的にアドボカシー事務所の存在と任務が制度化され、政府の公の業務となりました。所長は2代目のジュディー・フィンレー（Judy Finlay）氏です。フィンレー氏は、子ども権利擁護に関する講演のため数回来日しています。

2007年：Provincial Advocate for Children And Youth Act, 2007.成立により政府から独立し、オンタリオ州議会に直属のオンタリオ州子どもユースアドボカシー事務所（The Office of the Provincial Advocate for Children and Youth）が開設されました。所長は3代目のアーウィン・エルマン（Irwin Elman）氏です。氏は、アドボカシー事務所の所長に就任する前は、長い間インケアのユースの自立支援を行っているパーク（PARC: Pape Adolescent Resource Centre）の所長を務めました。

2016年12月現在、トロントのアドボカシー事務所の職種と職員数は以下の通り。

・州アドボキット（所長）　Provincial Advocate（Irwin Elman）
・アドボカシー・ディレクター　Director of Advocacy（Trevor McAlmont）
・情報技術ディレクター　Director of Information Technology（Liviu Georgescu）
・調査ディレクター　Director of Investigation（Diana Cooke）
・戦略的開発ディレクター　Director of Strategic Development（Laura Arndt）
・子ども青年アドボキット　Advocates for Children and Youth（23人）
・研究・品質保証プロジェクトリーダー　Research and Quality Assurance Project Lead（Dr. Fred Mathews）
・コミュニケーション・広報　Communication & Media Relations（Akihiko Tse）
・コミュニティー開発アドバイザー　Community Development Advisers（４人）
・ＩＴ・デジタルチーム　IT /Digital Team（２人）
・運営部長　Manager of Administrative Services（Jennifer Golden）
・運営事務サービスチーム　Administrative Service Team（３人）
・財務担当　Finance Department（Zeenath Fathima）

6、アドボカシーとはなにか

オンタリオ州アドボカシー事務所の紹介をしてきましたが、では、そもそも「アドボカシー」とは何でしょうか。ここでは、そのことについて考えてみたいと思います。

アドボカシーは、英語でAdvocacyと綴り、英和辞典によれば「弁護・支持・擁護」などと日本語に訳されています。近年、日本の児童福祉の世界でもこの言葉は使われるようになってきました。例えば、子どもの権利擁護などに、このアドボカシーという言葉が使われています。これは子どもの権利条約を日本政府が批准し、この条約にのっとり、子どもの権利を擁護するときなどに使われています。

では、この言葉は、カナダではどのように理解され、どのような意味合いで使われているのでしょうか。オンタリオ州の州都トロントに本部を置くアドボカシー事務所は、子どもの権利擁護のために活動している機関ですが、ここではこの言葉をどう理解しているか、事務所のホームページや事務所で働く職員（アドボキット：advocate）、および、かつて社会的養護を受けていた当事者の方で、現在アドボカシー事務所で働くユース（youth）へのインタビューから理解してみようと思います。

⑴オンタリオ州の法的定義：子どもと共に変化を創生

アドボカシー事務所所長のアーウィン・エルマン氏は、アドボカシーの法的定義を「子どもやユースとパートナーを組んで、彼らの抱える問題を表に出し、彼らと一緒に問題の解決策を探る事」と説明しています。そこでのキーワードは「パートナー」で、それにより変化を創生（Advocacy towards creating change）することだと言います。

(2) コミュニティが一緒になること　Community coming together

自らが先住民の出身で、先住民のユース・プロジェクト「フェザーズ・オブ・ホープ：Feathers of Hope」（第3章「ユースとのパートナーシップとプロジェクト」で詳しく説明）を担当するローラ・アーント氏は、まず、最初に大事なことは「聴く耳を持つ」ことであると言います。

きちんとコミュニケーションをとって、どんな助けを必要としているか、相手の立場に立って考えることが重要なのです。すべて自分一人でアドボカシー活動ができるわけではないので、コミュニティの一員として、自分がどこまでできるか、できないところは、コミュニティの中の誰にしてもらうかを知ることが必要となります。

子どもの立場からすると、コミュニティが機能すれば、アドボカシー事務所の役割は少なくて済みます。なぜなら、コミュニティのメンバー（地域社会の住民）が、それぞれができることをすれば、子どもを十分支援できるからです。コミュニティのメンバーが、積極的に子どもの問題に関わり支援すれば、制度としてのアドボカシーは必要なく、代わりに、そこには子どもたちが帰属するコミュニティが存在することになります。そして、そのコミュニティは、子どものために問題処理ができる能力を持つ必要があります。

そのためのコミュニティ開発のモデルが必要となるわけです。アドボキットは、コミュニティの中に入って、そこにいる大人が、「自分はこれができる」「私はあれができる」とすすんで言えるような状態を作り出す役割を担えばよいのです。アドボキット自身はあまり目立たないようにしながら、コミュニティのメンバーが互いに会話や対話ができるような環境を作ります。それでもコミュニティから支援が得られない時に、アドボカシー事務所が子どものセーフティーネットになり、支援をする必要があるのです。しかし、アドボカシー事務所は最後の手段であって、最初の手段ではあってはいけません。コミュニティ開発のモデルは、子どもたちが自分で自分をアドボケート（自分の権利を主張し自分で問題解決）できるようにコーチしメンターすることです。

(3)子どもの「声」を探す手助けをする

自立支援のプロジェクト「私たちの主張、私たちの出番：Our Voice Our Turn」（第3章「ユースとのパートナーシップとプロジェクト」で詳しく説明）を担当するジェームス・マクガーク氏は、自分のことを語る機会がない子どもたちに、語る機会を見つける手伝いをすることであると言います。社会の底辺にいて、声を出せないでいる子ども達を、社会の底辺から皆と同じレベルへと上に持ち上げることだと言います。

(4)権利を守る　defending rights

アドボカシー事務所で活動する当事者であるチェルシーとシェルダンの2人のユースは「自分では権利を守ることができない人に代わって権利を擁護すること」だと言います。声を聴いてくれないか、声を出すことができないでいる子どものために、声を出す場や機会を提供することであると言うのです。そして、「社会の大きな制度に挑戦し、変化を創造して制度や社会を変えること」だと言います。

報告書を手にするチェルシーさんとシェルダンさん

(5)子どもを不適切に扱う社会や制度の不正義を正すこと

かつてアドボカシー事務所でアドボキットとして働き、現在はトロントにあるライアソン大学で教鞭をとるキム・スノー博士によると、アドボカシーとは、子どもを不適切に扱う社会や制度の不正義を正すことであると言っています*。そして、子どもが抱える問題を解決する為にナビゲート（道案内）することであると言います。その場合、子どもに代わってするのではなくて、子どもが自分でできるように傍らに寄り添ったパートナーとしての共同作業となります。そのために、子どもの持っている力を引き出せるように支援し、子どもが持っていない力は、大人が貸してあげる必要があると言います。そして、最終的には社会的養護を受けている事によるスティグマと他人による管理を受けていることから子どもを解放することであると言います。すなわち、

・自分の人生に関わる事柄の自己決定権を取り戻し
・自分の人生を取り戻し、
・自分の潜在能力・可能性を最大限実現する。

*インターネットラジオCYCのインタビュー。https://www.podbean.com/media/share/pb-ce3ia-589274#.VfA6b39gpzQ.facebook

(6)アドボカシーとはライフスタイル（生き方そのもの）

アドボカシー事務所のホームページを見ると、「アドボカシー」とは以下のように説明されています（日本語訳は筆者による）。

アドボカシーは、スキル（技能）ではありません、介入の戦略でもありません、実践のツール（道具）でもありません。効果的なアドボキットになるためには、自分が行うすべての行

動にアドボカシーの信条や行動規範、価値観が一貫して貫かれている必要があります。自己観、アイデンティティ、自分の人生の生き方などと統合された、切っても切れない一部になっていなければならないのです。

アドボカシーの一番の目標は、子どもの声を高めることです。これは、子ども自身が自己のことをスピークアウトするようにエンパワーするだけではありません。彼らの言っていることに疑問を持たず、信念をもって代弁することだけでもありません。その基礎になっている考え方は、アフリカの諺にある「私たちのことを、私たち抜きで語るなかれ」にあるのです。これは、ユースのことはユースと一緒に語るという意味なのです。

アドボカシーはよく、エンパワメントの過程と言われることがあります。すなわち、他の人にパワーを与えることだというのです。しかし、アドボカシーをよりよく説明するには、子どもやユースが自ら持っている力を探し出すこと、そして、それを効果的に使うように教えることと捉えたほうがよいのです。

(7)アドボカシーは変化への触媒であって、変化を起こす仲介人・代理人ではない

アドボカシー活動の目標は「変化を触発し影響力を与えること」です。アドボキットは、変化のための環境を創りだし、子どもに関わる事柄に決定権を持つ人を、変革を促すポジションに就けることも行います。しかし、政策の変革・実行に関しては、その開発・実施に責任のある政府や公務員自身が行うべきであり、アドボキットが関わってやるものではないのです。

アドボカシーとは何かをまとめると、以下のようになりそうです。

子どもたちの権利を守るために、コミュニティ全体が一緒になって子どもたちを支援し、子どもの「声」を探す手助けをします。その際「私たちのことを、私たち抜きで語るなかれ」の原則を必ず守る必要があります。そして、その活動は、子どもを不適切に扱う社会や制度の不正義を正すことであり、そのために社会の大きな制度に挑戦し、社会の変化を創造することなのです。ただし、アドボカシーは変化への触媒であって、変化を起こす仲介人・代理人ではありません。そして、最終的には子どもを管理から解放し、自分の人生を取り戻すのです。そして、忘れてはならないことは、アドボカシーとはツールやスキルではなく、ライフスタイルそのものであるということです。

7、アドボカシー事務所の存在意義

アドボカシーとは何かの理解のうえで、次にアドボカシー事務所の存在意義を理解しようと思います。

(1)「権利ベースの文化」を創造

アドボカシー事務所所長アーウィン・エルマン氏は、「子どもの権利」のことを考えたら、法的な枠組みが必要になると言います。「権利の法的枠組み」があれば、当然、その法律の枠組みを強制する機関が必要になります。

オンタリオ州には「子ども家庭サービス法」で子どもの権利を明確に規定していますが、子どもの権利条約は国連の条約であって「法的な枠組み」とはなっていないため、オンタリオ州では、子どもがいる社会やサービス・制度に「権利ベースの文化」を築く必要があると考えています。したがって、ユースの声は重要であり正当であるという「権利ベースの文化」という概念が非常に重要になるのです。アドボカシー事務所は「権利ベースの文化」を築くことと法的枠組みを強制するために必要なのです。

法的な枠組みがなければ、権利を法的に強制できないので、「アドボカシー事務所」を持つ意味がないように思えますが、「権利ベースの文化」を創生・促進するためのアドボカシー事務所を持つことには意味があるのです。

(2)子どもの可能性のためのアドボカシー

先住民出身のアドボキットであるローラ・アーント氏の経験談は、アドボカシー事務所の存在意義を理解する上でとても興味深いと思われます。以下は、彼女の語ったストーリーです。

彼女は、60年代初頭にトロントで先住民の子として育ちました。当時、先住民はインディアンと呼ばれましたが、世間の人は「インド人」だと思っていました（先住民のことを知らなかった）。学校では「パキ（パキスタン人に対する蔑称）」と呼ばれ、差別されました。リージェントパークという地域に住んでいましたが、そこはアイルランド系とアフリカ系（黒人）

が大多数を占め、彼女のような「異人種・異民族」はみんなと違うため、友達ができなかったと言います。先生も、自動的に彼女のことを「問題児」と見なしました。ランチタイムには、他の子どもたちは一緒に食べているのに、彼女はいつも一人でした。先生も、他の生徒には手助けするのに、彼女にはしなかったのです。家には、彼女の勉強を手伝う人もおらず、授業ではいつも最後に手を挙げていました。だから、何かに帰属するという感覚はなかったそうです。いつも、孤独で孤立していたと言います。

〈インケアの子どもに共感〉

アドボカシー事務所で仕事をしはじめて、アドボカシー事務所が支援している子どもたちがいつも孤独で、だれも話を聞いてくれず、だれにも注意を払ってもらってないことにすぐに共感できたと言います。子どもたちは、目立たないようにしていようとしていました。彼女は子どもたちに語り掛けました。「隠れなくていいんだ。あなたたちは素晴らしい。あらゆる可能性を秘めている。自分の声を使うことを恐れるな」と。

「私が、子どもたちのアドボカシーをするのは、彼らが可哀想だからではなく、悲劇の子どもだからでもなく、可能性を秘めているからです」

〈子どもの可能性のアドボカシー〉

彼女は、子どもたちは贈り物だと考えています。すべての大人は、彼らを受け入れ、認め、愛し、抱きしめ、持っている知識を共有し、そして、彼らの言うことを聴かなければならないと言います。その時、自分は無私無欲でなければならないのです。子どもが電話してきた時が自分にとって最も重要な時間で、「私はここにいるよ。聴いているよ」といって、100％子どもにコミット（専心）する必要があります。また、子どももそれを理解する必要があります。

先住民のモハーク族として、創造主は彼女を裁くときは、創造主からの贈り物である子どもたちとどう向き合ったか、そのことで裁かれると彼女は言います。子どもは、人生の悲劇を生き抜き、その経験をどう使うかで将来が決まるのです。だから、子どもの悲劇のためではなく「子どもの可能性のためにアドボカシーをする」と彼女は言うのです。

(3) 若者の声には意味がある

アドボキットのジェームス・マクガーク氏の語る彼の経験も、事務所の存在意義を考える上で良いストーリーです。

アドボカシー事務所でやる活動のすべては、ユースが参加して行われます。それは、ジェームスがCAS（児童相談所）に努めていた時代にはなかった機会だと言います。CASは「輝く子ども（よい子、成功した子）」を成功例として示したがりますが、この事務所で行っているOur Voice Our Turn がユースに与えたインパクトは計り知れないものがあります（事務所で行われているユースのプロジェクトのひとつ。詳しくは第3章の「プロジェクトと若者の反応」を参照）。

このプロジェクトで開かれた公聴会は5年前ですが、当時は17、18、19歳だった彼らが、今は22、23、24歳になっています。中には、現在ソーシャルワークを仕事にしている人もいるし、ニューブランズウィック州（カナダの東海岸の州）に移って先住民の子どものアドボカシー事務所を開いて活動を始めた人もいます。トロントのアドボカシー事務所で学んだことに情熱をもってその後も活動を続けているのです。彼らは、「我々の声には意味があるのだ（our voice matter）」そして、声を上げれば人は聴いてくれるのだ」と言うことを知ったのです。

(4) 声を聴いてくれるところ

次に、事務所でアンプリファイアー（ユースのプロジェクトを推進する中心的役割を担うユース。ユースの声を拡大する役割を担う）として働く、かつてインケアにいた当事者2人のストーリーを紹介します。

チェルシーにとってアドボカシーとは、人をinspire（鼓舞、激励）し、自分が自分のままでいることを受け入れることだと考えています。人のためにアドボケイトをするためには、まず自分をアドボケイトできないといけないので、自分をよりよくアドボケイトするために日々努力しなければならないと考えています。つまり、アドボカシー事務所が存在しないときは、自分でアドボケイトしないといけないことになります。この事務所の存在は、ここで働くまで知りませんでした。いまインケアにいる子どもたちのために、混乱したりストレスを感じたり、どうしていいか分からなかったりしたら、この事務所はそれらに応えることができます。場合によっては、事務所は相談をした子ども自身が望んだものと違う答えをだすかもしれないのですが、少なくとも「聴いてくれる誰かがいる」ということが大切です。

どこにも行くところがない子ども、誰も話を聴いてくれない子どもにとってアドボカシー事務所はとても重要なところであると考えています。

もう1人のユース、シェルダンは、アドボカシー事務所には2つの機能があると考えています。1つは、自分の権利を守る擁護者（protector）であり、もう1つは、子どもを養護している機関に対して、子どもの養護に関して責任を持たせるところでもあるのです。彼は、この事務所で働くことによって、政府による政策策定の決定過程などについて知ることができるようになったと言います。児童養護の現場で働いていると、政策や決定事項は上から降りてきますが、アドボカシー事務所で働いていると、政策決定者側である上の方から見ることができます。「政策決定者が決めた政策と、現場の子どもたちが欲する現実とにギャップがある場合、私たちはそのギャップを埋める立場にある」と言います。その際、この事務所のユースの声が最も重要なのです。なぜなら、ユースにとって何が必要かは当事者であるユース本人が一番よく知っているからです。つまり、「インケアの当事者こそがこの分野の専門家」だと言えます。「まずは、ユースの声を聴くところから始まります。この事務所で行われているすべてのプログラムは、ユースベース（ユースが自ら運営する）のプログラムです。ユースが組織し、ユースがすべてに関わるのですから、ユースと協力して活動するために、私たちアンプリファイアーは雇われ活動をしているのです」

(5) 事務所でのユースとの関わり：アンプリファイアーとアドバイザーについて

アドボカシー事務所は、プロジェクトごとに、数人のユースがアンプリファイアーとして有給で関わっています。一方、アドバイザリーグループはボランティアのポジションで、プロジェクトの進捗や方向に対してアドバイスする役割を担っています。アンプリファイアーは、ケアを卒業して高等教育を受けた人たちがなることが多く、一方、アドバイザリーグループは、現在まだ現役で社会的養護を受けてインケアにいる子どもたちが多くいます。したがって、彼らはいまのケア制度の問題がよくわかっていますから、アンプリファイアーがやっていることにアドバイスもしてくれます。Facebook、Instagram、twitterなどのSNSもあるので、アドバイザリーなどにもかかわっていなくても、ユースの人たちは、これを通じて意見を言うこともできます。

第2章 「子どもたちの声」とインクエスト

1、政府から独立（議会直属）したアドボカシー事務所

2007年、アドボカシー事務所は政府から独立し、直接州議会に報告するように法律が変わりました。この変更により何が変わったのでしょうか。事務所が議会直属になって最初の所長に就任したアーウィン・エルマン氏は、その変化を以下のように語ってくれました。

子どもやユースの声が重要であるということを認める文化ができてきて、政治的な決定プロセスに参加するユースの数が増えてきました。それによって、ユースの参加 Youth Engagement が拡大してきたのです。これを受けて、オンタリオ州政府子ども青年サービス省は、彼らユースに関わる政策的決定をする場合には、必ずユースの意見を聞くというポリシーを導入しました。つまり、彼らに関わる決定をする場合には、必ずユースに意見を聞く、ユースに相談するということに決めたのです。州首相にアドバイスをするPremier's Council for Youth（ユースによる州首相直属諮問機関）などの組織ができたのも、ユースが

アドボカシー事務所の活動に関わったからこそだと言えます。これまで、政府は様々なポリシーの変更を行ってきましたが、これはその中でも一番重要なものだと言えます。

この政府によるポリシーの変更は、アドボカシー事務所が政府やサービス提供機関に影響を与えたことで可能になりました。しかしながら、ユースが主体となって声を発し、政府やサービス提供機関が「権利ベースの文化」の重要性を認識して初めて、すなわち、政府がユースに影響され、ユースの声を聴くことが重要だと思うようになったからこそ、可能になったのです。アドボカシー事務所自体が変化を起こしたわけではありませんが、この動きを受けて、ユースを対象としたプログラムやサービスを提供している他の団体や組織や機関も、この手法を取り入れユースの参加を促し、かれらの声を独自に直接聴くようになってきました。

2、「子どもたちの声」を聴く旅

「インケアの子どもたちはどうしているだろうか？」

「どんなことを思っているのだろうか？」

２０１６年11月18日から26日にかけて、オンタリオ州アドボキットのアーウィン・エルマン氏は、少数のスタッフとともにオンタリオ州の子どもたちの生の声を聴く旅に出ました。題して「２０１６年リスニング・ツアー」です。対象年齢は10歳から24歳で、オンタリオ州政府のサービス制度を現在利用しているか、利用しようとしている子ども及びユース、およそ400人から話を聴きました。訪問したところは、トロントやオタワ等の都会から、オリリアやサンダーベイと言った小さな町まで、合計13か所。声を聴く対象の子どもたちは、アドボカシー事務所の管轄にある児童福祉、触法、メンタルヘルス、スペシャルニーズ、先住民の子どもなどです。

2016年は、カナダが子どもの権利条約を批准してから25周年にあたります。11月20日は、国連がこの条約を採択した日です。このことからカナダは、11月20日を「カナダ全国子どもの日」に制定しています。「リスニング・ツアー」は、子どもの権利条約採択を記念して2014年から始まり、今回が3回目の実施となります。

5年ごとに、カナダ政府は「国連子ども権利委員会」によって、子どもの権利条約の実施進捗状況を確認する審査を受け、委員会に対してその進捗を報告する義務があります。実施されていない部分については委員会から勧告を受けることになります。前回2013年の報告書では、カナダの児童養護制度に関わっている子どもの中で、アフリカ系カナダ人や先住民の子どもが、一般人口比よりも割合が異常に高いので、これを改善するようにとの勧告を受けています。

カナダは連邦制の国で、児童福祉に関しては各州政府の管轄になっていますが、国連の条約は「国」として批准するため、「国連子ども権利委員会」への報告書は連邦政府が提出することになります。したがって、連邦政府が報告書をまとめるにあたっては、各州政府の児童福祉担当相から情報を受けて、これをまとめる作業を行います。エルマン氏は、オンタリオ州政府の担当相に、連邦政府に提出する報告書に社会的養護の当事者の意見が反映されているかを尋ねました。すると答えは案の定「否」だったのです。この回答を得たエルマン氏は「2018年の報告書でも当事者である子どもや若者の声が沈黙を強いられていてはいけない」と思い、オンタリオ州首相とカナダ首相に、次の報告書には当事者の意見が反映されるようなプロセスを構築すべきであるという手紙を送り、当事者の子どもたちが関わることを強く促しました。

カナダが次に審査を受ける2018年には、アドボカシー事務所として、政府が提出する報告書とは別に「オルタネート・レポート（もう一つの報告書）」として、当事者の声を直接反映させた報告書を委員会に提出する準備を進めています。前回2013年の審査の時もこのレポートは提出されており、今回が2回目となります。子どもの権利条約で保障されている「子どもが参加して意見を述べる権利」を保障するため、今回も含め、これまで行われたリスニング・ツアーで当事者から語られたことは、報告書に反映されます。「オルタネート・レポート」の提出は、アドボカシー事務所の義務ではありませんが、法律で規定された「任務」の一部ととらえており、事務所の決定として業務の一部にしているものです。

エルマン氏は「『国連子どもの権利条約』採択を記念するのに、直接当事者の子どもたちから話を聴くことより良い方法があるだろうか」と言っていますが、今回のリスニング・ツアーでは、どんなことが語られたのでしょうか。エルマン氏のブログや、彼が出演したラジオ番組のインタビュー、そして、彼がフェースブックに投稿した内容からいくつか拾ってみることにしましょう。

・オンタリオ州には十分な家庭支援のサービスがない。
・学校の先生は、学校の中で「声」を抑えられているため、先生も生徒の「声」を奪っている。
・子どもたちは「愛」に飢えている。「愛」を法律では強制できないけど、子どもが愛される環境を作るための法律は可能である。
・子どもたちは、与えられた環境の中で「何とか対処しようとしている」。住み慣れた住環境を離れて暮らす彼らの苦悩を理解するものはあまりいない。彼らは、社会からは「見えない存在」である。
・「幸せな生活」と「何とか対処する生活」の間には大きな違いがある。彼らは、とても「幸せな生活」をしているとは言えない。
・市の教育委員会や市議会議員は、学校の対応に関して子どもたちの意見を聞こうとしない。
・あるユースが言った。「私たちの声を聴いてもらう機会が与えられた時、自分の人生が意味のあるものだと思える」。そして「何も怖がることはないのだと思えるようになる」と。

なお、2015年のリスニング・ツアーの報告書「Reality Check : Findings from the

second annual listening tour of the Ontario Provincial Advocate for Children and Youth」は、下記*から入手できます。

次の章で紹介するユースプロジェクト「私たちの主張、私たちの出番」は、現在のような形ではありませんでしたが、２００９年に行われた「リスニング・ツアー」がきっかけで生まれたものです。

＊ http://provincialadvocate.on.ca/documents/en/Listening-Tour-Report.PDF

３、インクエストとは

前章で既に触れましたが、インクエストにより積極的に関わるようになったのも、２００７年に政府から独立したことが大きな要因であるといえます。アドボカシー事務所が、なぜ、より積極的にインクエストに関わるようになり、そして、インクエストにおけるアドボカシー事務所の役割とは何なのか、アドボカシー事務所のホームページから見てみましょう。

前章では「人が死んだ場合、その死因を突き止めるための公聴会」と、インクエストについて述べました。オンタリオ州では、政府の社会的養護にある子どもが死亡した場合、「検死官法 the Coroner's Act」に基づいて、その子どもが死んだ原因を突き止めるためのインクエストが開かれます。そのプロセスは、あたかも裁判のようでありますが、裁判であれば、裁判官が法廷内で裁判を執り行うわけですが、インクエストの場合は、裁判官ではなく検死官が執り行います。オンタリオ州では、検死官はまた医師でもあります。

政府のケアサービスを何らかの形で受けていた子どもが死んだ場合には、検死官法に基づきインクエストを開くことが義務付けられていますが、それには以下のケースが含まれます。

・子どもが拘留されていた場合、もしくは、保護管理下にあった場合
・精神科施設に拘束されていた場合
・閉鎖施設に拘束されていた場合

検死官が、子ども家庭サービス法で定められた以下のケースで子どもが死んだことがわかった場合にも、検死官法に基づきインクエストが開かれます。

①裁判所が、親に対して子どもに面会することを禁じたか、面会する場合にはCAS（児童相談所）の監督の下で行うことを許可する決定をくだし、
②その後、CASの申請により、裁判官が親に対して子どもとの面会を認めることに決定を変更、もしくは、監督なしでも面会できるように決定を変更したが、
③その結果、その子どもの養育に責任のある親もしくは家族が、子どもを死に至らしめた場合。

それ以外のケースでも、子どもが何らかの形で児童福祉制度のサービスを受けている時に死亡した場合は、検死官はインクエストを開く場合があります。それは、検死官がこどもの死亡した原因を調査した結果、インクエストを開いたほうが良いと判断した場合です。その場合は、（1）5つの疑問に対する答えは出たか、（2）子どもが死んだ原因を追究する公聴

会を開くことが公共の利益になるか、（3）陪審員（日本では裁判員と呼んでいる）は、子どもが死んだ時と同じような状況に現在ある子どもの死亡を将来防げるような勧告を出すことができるか、などの点を考慮して決めます。なお、インクエストで答えを出すべき5つの疑問とは「①死んだのはだれか？　②どこで死亡したか？　③死亡したのは何時か？　④死亡した原因は何か（例えば、病気が原因）？　⑤どんな方法（状況下）で死亡に至ったのか（例えば、自然死、事故死、殺人死、自死、原因不明）？」です。

上記の疑問に関して、陪審員はすべて答えを出さなければなりません。陪審員は、死亡した本人や証人とはなんら関係性がなく、さらに、州の陪審員名簿から選出される手続きに関与しなかった5人の一般市民が選ばれて務めます。陪審員の最初の仕事は、死亡に関する事実を突き止めること。2番目は、同じような状況での死亡が今後起きないように予防のための勧告を出すことです。陪審員は、先の5つの疑問には答えを出さなければなりませんが、必ずしも勧告を出さなければならないわけではありません。

上記の5つの疑問に答えを出し、勧告を出すために、陪審員は検死官の法律顧問が召喚した証人から証言を聴きます。検死官の法律顧問は弁護士で、通常は政府の検察官が務めます。検察官は、子どもが死亡した状況を理解するために、それに関わるすべての証拠を集め、それを陪審員に提出します。検死官によるインクエストは、まさに裁判のように見えます。しかし、インクエストの陪審員は証人に質問をすることが許されること、さらに「子どもの死に直接的・本質的利害」のある人たちは「当事者として参加できる権利を持つ人」としてインクエストのプロセスに参加できること、などは裁判とは異なるところです。このような人びとは、証人に対して質問をすること、証拠を集めて陪審員に提出することもできます。陪審員に提出できるものには、制度の改善を促す提言や、改善を勧告するように陪審員に要求することなども含まれます。

陪審員は、子どもの死亡に関して法的責任を判定することはできませんし、いかなる法的な結論も下すことはできません。すなわち、インクエストの結果、検死官が出す最終結論から、陪審員が誰かを起訴したり、有罪にしたり、判決を下したり、子どもの死に対する賠償を請求することはできないということです。インクエストの目的は、子どもの死因を解明し、同じような状況で今後二度と子どもが死亡することがないように防ぐことです。これを行うために、陪審員は、死亡した時と同じような状況が現在も存在する場合には、それに対して直接的な改善勧告を行うことができます。それらの勧告は、それら勧告を実行に移すことができる権限を持つすべての機関や団体、例えば、政府省庁、警察庁、教育委員会、児童福祉機関などに提出されます。陪審員による勧告に法的強制力はありませんが、それらはコミュニティの声であり、最も弱い立場の人びとの死を防ぐように制度を改善する可能性が含まれていることを考えると、それらを実行に移すことはとても重要なものと言えます。

死亡した日からインクエストを開くまでの期間に時間的制限はなく、死亡の後に加害容疑者が起訴された場合は、その刑事裁判が終了するまでインクエストは開かれません。

4、インクエストにおけるアドボカシー事務所の役割

アドボカシー事務所の任務は、政府の責任の下で社会的養護を受けている子どもおよびユースの「独立した〝声〟」として、子どもやユースとパートナーとなって、一緒に彼らの声を聴き、彼らが抱えている問題を解決するため、彼らの声を上に持ち上げることであることは既に述べました。これを踏まえて、インクエストにおけるアドボカシー事務所の役割は、機関の独立性を維持して子どもの独立した声を代弁し、社会的養護にいる子どもたちとそのサービス提供者・制度の関係者との間の対話を促し、子どもの権利に関して住民及びサービス提供者を啓発することとしています。

アドボカシー事務所は、インクエストに参加することは重要だと考えています。その理由は、インクエストによる勧告には法的強制力がないため、勧告を受けた機関や組織は、自分たちの運営の改善に焦点を当てるだけで、子どもやユースの意味のある参加に注意を払わない可能性があるからです。インクエストは、社会的養護にいる子どもやユース、弱い立場にいる子どものアドボカシーのツールとして、潜在的な影響力を持っていると考えているのです。社会的養護にいる子どもたちは、弱い立場にあり、制度的な暴力や差別、非人間的な取り扱い、そして、最悪の場合には死に至る危険性にさらされています。その彼らとパートナーシップを組み、インクエストに参加することは「人権に基づくアプローチ」の考え方の鍵と

なります。

アドボカシー事務所がインクエストに参加しないと、子どもやユースの見方がインクエストに反映されることはほとんど期待できません。なぜならば、死亡した子どもの立場というのは、通常、施設の職員から見たものであり、職員が記録したものであり、精神科医が診断したものだからです。大人が繰り広げる公聴会は、往々にして「事実」を自分たちの組織の文化や考え方、価値観や利害をもとに、限られた理解しかしない傾向にあります。だからこそ、そこに子どもやユースの声が反映されることが重要になるのです。

かつて社会的養護を受けていたあるユースはこう言っています。「アドボカシー事務所がインクエストに参加するのは、子どもの声となるためです。インクエストの対象となっている死亡した子どもを代弁し、また、死亡した子どもと同じような状況に現在ある子どもたちを代弁するためです。因果関係を徹底的に洗い出し、漏れのない審査を行うためには、あらゆる見方を代表するすべてを網羅した参加者が求められるのです」と。

インクエストでは、児童福祉制度を運営するための古い官僚的な考え方を打ち破る必要があります。アドボカシー事務所は、直接当事者であるユースとともに活動する機関であることから、子どもの死に関して、児童養護制度の悪しきパターンや問題点、改善にあたっての問題点、そして、制度に根付く悪しき文化などに関して、より厳しく、かつ、本質的で重大ないくつもの質問をすることができるのです。

第3章　ユースとのパートナーシップ

アドボカシー事務所の活動におけるキーワードは「パートナーシップ」（以下、パートナー）」です。では、ここでいうパートナーとはどういう意味なのかを、アドボカシー事務所で働く職員の言葉から理解したいと思います。

1、若者による「意味のある参加」

アーウィン・エルマン氏は、「子どもやユースのパートナーとして活動する」というのがこの事務所の選択だと言います。以下は、彼が語ってくれた「パートナー」の考え方です。

パートナーの関係にもいろいろな形態があります。問題によって、あるいは何をするかで、パートナーの組み方が違ってくるのです。例えば、「隣（横）に立って一緒に歩く」場合、「後ろからついて歩く（サポートする）」場合、「子どもの前を歩く（ユースがサポートする）」場合などが考えられます。「これが正しいやり方」というのはなく、常に相手を「尊重すること」や「聴くこと」など、日常的に考えれば当たり前のことをするだけなのです。

とは言っても、パートナーを組むというのは、誰と組むにも、どのグループと組むにも難しいものです。特に、ユースとパートナーを組むということに関して、一般に子どもやユースは偏見の目で見られていたり、誤解されている部分があるので、まずそれを解かなければなりません。どんな状況でも、彼ら子どもやユースが「何を伝えたいのか」「何をしたいのか」などをきちんと理解する必要があります。不明確なところははっきりさせ、ユースの強みを見つけ出し、弱いところを見つけ出し、そして、同時に大人の側の組織の強み弱みも見つけ出すことが重要です。ユースだって同じ人間なのに、大人は時々そのことを忘れています。実際には、大人同士がパートナーを組むのとそんなに違わないのです。年齢の違いは問題とはならないはずで、ユースを正当なパートナーと認めるならば、「尊重し聴く」というパートナーになれるはずです。「尊重する」「聴く」「理解する」を基礎にして、ユースは正当な知識を持っていることを認め、それを理解することが大切なのです。それには、ユースとパートナーを組むことはいいことだ、有意義なことだ、という考えを受け入れなければなりません。仕事だからやるというのではうまくいくはずがなく、それが正しいことだからと信じてやらなければうまくいきません。パートナーを組んでやるということは、大人同士でもお互いに相手が嫌になったり、意見が合わなくて議論したりすることはあります。自分一人でやるよりも、パートナーを組むと物事の進展が遅いのも事実です。しかし、パートナーを組むとよりよい結果が出ます。一度経験すると、ユースとパートナーを組んでやることがいいことだとわかるはずです。まずは、最初の一歩を踏むことが大事です。

パートナーとは、支援するということではありません。日本での例で、「ひきこもり」の問題があると聞いていますが、解決策としては、本人に会って、何が起これればいいのか、どうなればいいのか、を聞いてみたらどうでしょうか。本人が何を考えているのかを真剣に受け止めるのであれば、ドアをノックして「どうしたいのか」聞いてみたらいいと思います。その人はきっとどうしたいか、どうなってほしいのかを言うでしょう。それを聞いた時に、あなたはその人のパートナーとなるわけです。

パートナーとは、何かを与えたり、してあげることではありません。聞いてみることで、ユースを助けようとしているあなた自身が、逆に助けられることになるのです。助けてあげるから、支援してあげるから出てきなさい、というのではなく、まずは、どうしたいのかを聞くことが大切です。パートナーとは、双方向で組むもので、お互いに助け助けられる関係にありますから、相手に聞くことで自分が助けられることもあります。例えば、自分は親であるから、子どもを支援したいと思ったときには、子どもに「親である私にどうやってほしいですか」と聞くことで、自分が親として子どもをどう支援したらいいかわかることになります。つまり、子どもに聞くことで、具体的に親が何をすべきかを子どもが教えてくれるので、親としてやるべきことがわかるように助けることになるのです。子どものために良かれと思っていろんなことをしても一向にらちがあかず、どうしていいかわからなくなったら、降参して子どもに「どうしたい？」と聞くことです。

ユースによっては、パートナーとは「私たちがやりたいことを言うから、我々にやらせてくれ」という理解をする人もいるかもしれませんが、それは、パートナーとは言いません。パートナーとは、相互に助け合うことです。いいパートナーとは、相互に利益がなければいけないのです。一方がリソースを持っているからと言って、そうでない側だけが利するのはパートナーとは言いません。

ジェームス・マクガーク氏は、パートナーシップとは、双方のパートナーが対等の立場でなければばならないと言います。ユースから声を聴くときなどは、その報酬としてお金も出しますが、双方は互いに利益を得るようにするのがパートナーシップだと言えます。報酬とオープンドアポリシー（常に開かれた関係）がとても大切だと考えています。

2、意思決定のプロセスから参加

2人のアンプリファイアーの意見はどうでしょうか。チェルシーとシェルダンは次のように語ってくれました。

すなわち、ほとんどの組織は、先にポリシーを決定してからユースに意見を聞いてきますが、このアドボカシー事務所はそうではなくて、ポリシーを決めるところからユースと一緒に行います。アンプリファイアーは、アーウィンやジェームスと同じテーブルに座り、自分の思っていることをオープンに言えます。パワーバランスは同じで互いに平等なのです。自分が仕事を失うのではないかとか、何か不安を抱えたりしっくりこなかったりという感覚を持つことなく、アーウィンらはユースを尊重してくれます。ポリシーを決めるときは、初めから最後まですべての過程でユースを巻き込み、参加させる必要があります。それこそがパートナーだと言えます。実際に政府の政策を変える活動までユースを参加させる必要があるのです。そうしないと、どこかの段階でユースの声は失われてしまうからです。

子どもやユースといえども、完全な一人の人間、同じ権利を持つ人間としてみる必要があります。最初は難しいかもしれません。特に伝統的に年齢で力関係が決まるような社会では難しいことが想像できます。でも、とにかく最初のステップを踏むことが大切であり、実際にやってみることが重要です。すべては「対話」から始まります。ユースが何か成果を出せば、それが基礎になって次のステップにつながります。対話で、ルールについて、責任について、ユースが参加することの利益について話し合いをすることが大切だと思います。ユースが参加することには大いなる利益があります。もしユースのために制度をより良いものにしたいならば、ユースに聞けばいいのです。声を聴いてもらえなかったユースに声を与えると、全体として大きな成果を出すことができます。

3、ユースの参加でコミュニティはどう変わるか

アドボカシー事務所は、ユースが意味のある参加をしたらより良い社会が実現すると考えています。その理由はこうです。子どもはみんないずれ大人になります。だから、子どもの

ころから声を聴いていれば、彼らが大人になったときに子どもや弱い立場の人の声を聴くようになります。そうすることで、美しい社会が生まれるのです。健全なコミュニティを構築するには、子どもが小さい頃から関わる必要があります。健全な子どもやユースがいるところが健全なコミュニティだといえます。子どもやユースと関わることは、健全なコミュニティを形作ることに関わること、そして、将来のリーダーを育んでいくことになります。全体として、子どもために作られた制度の改善に子ども自身を参加させることで、制度はより良くなります。ビジネスでは、クライアントに何が必要かを聞き、それに応えようとすることで繁盛します。児童福祉の世界も同じことなのです。子どもやユースが何を必要としているか本人に聞いて、それに応えるサービスを提供すればよいだけの話なのです。

アドボカシー事務所では、ユースのアンプリファイアーによる当事者の多様なプロジェクトが展開されています。

①フェザーズ・オブ・ホープ（Feathers of Hope）：先住民の子どもとユースのためのプロジェクト。

②ヘア・ストーリー（Hairstory）：アフリカ系カナダ人の子どもとユースのためのプロジェクト。

③私には言いたいことがある（I have something to say）：障害を持つ子どもやユースのためのプロジェクト。

④あなたは一人じゃない（You are not alone）：性的マイノリティーの子どもやユースの

プロジェクト。

⑤私たちの主張、私たちの出番（Our Voice Our Turn）：インケアから自立していくユースのためのプロジェクト。

ここでは「フェザーズ・オブ・ホープ（Feathers of Hope）」と「私たちの主張、私たちの出番（Out Voice Our turn）」について紹介します。

4、フェザーズ・オブ・ホープ　Feathers of Hope

「このプロジェクトは自分の子どもだ」と、ローラ・アーント氏は言います。このプロジェクトは、彼女の「夢や比喩を信じますか?」という素朴な疑問から始まったと言います。彼女は「フェザーズ・オブ・ホープ」の夢を見ました。それは、先住民の子どもやユースの声を集める活動でした。子どもたちをまとめ、集まって自分たちで話し合いをしています。そこに大人は入れません。夢はぼんやりしていてはっきりしてはいませんでしたが、終わりと始まりが何となく見えたのです。その時、彼女は「移民、先住民、障害者」に関わることを条件にアドボカシー事務所で仕事を始めました。それから7年間、フェザーズ・オブ・ホープを継続し、積極的に先住民の子どもやユースの声を聴く活動に関わってきました。

ローラは、フェザーズ・オーブの夢を見た後、チームを編成し、パイロット・プロジェクトを2つ立ち上げました。ひとつはトロントで、トロントの先住民の若者を集めて話

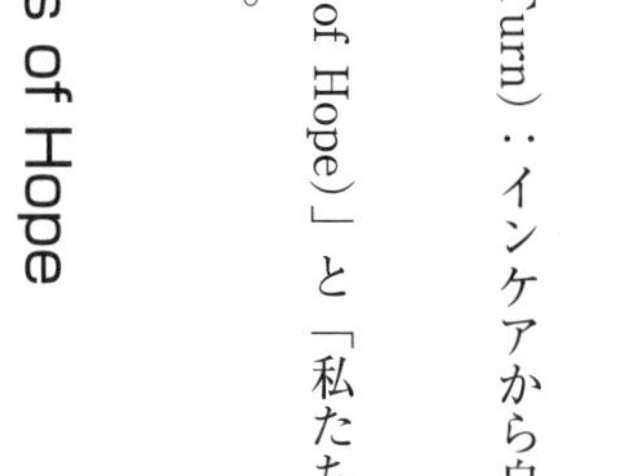

Feathers of Hope担当のローラ・アーントさん。プロジェクトのポスターの前で

をしたり質問をしました。「あなたにとってアドボカシーとは何ですか」「私の事務所は、どうすればあなた方のリソースになれるのですか」と。彼らは、コミュニティのこと、教育のこと、自殺の問題など、さまざまなことを話してくれました。2つ目のプロジェクトは、オンタリオ州北部にあるサンダーベイという街で立ち上げました。2つの地域で分けて立ち上げたのは、オンタリオ州南部の先住民と北部の先住民では、生活環境などが大きく異なるからです。北部に住む彼らは、南部の彼等とは性格も異なり、無口であまり話したがりません。しかし、ここでもトロントと同じ会話、同じ質問をし、サンダーベイでの人種差別、薬物中毒問題、教育などのトピックについて話し合いました。

2つのパイロット・プロジェクトを行った後に、フォーラム（公開討論会）を開催することを決定し、それをサンダーベイで行うことにしました。それは、北部の方が自殺や薬物など、問題が南部に比べて深刻だからです。しかも、だれもそれに注意を払いません。同じ月に新しく5人のユースを採用し、サンダーベイでのプロジェクトを担当してもらいました。さらに、アドボカシー事務所をサンダーベイにも開設して、数人のスタッフと5人のユースでフォーラムを実施しました。これには、政府の省庁の垣根を超えてアプローチをする必要がありました。2年かけて準備したのですが、「私はどうしたらいいかわからないので、ぜひ、みなさんが参加してどうしたらいいか考えてほしい」と、最初に先住民の代表に伝えました。彼らはそれに応えて、「こうしたらいい、ああしたらいい」とさまざまな提案をされたので「それは素晴らしい、それが実現できるように手を貸します」と言って、彼らの提案を受け入れ

Feathers of Hope での先住民のユースによる発表

ました。そうして Inter-governmental Position 政府間および省庁を超えて、広範囲の人々に参加してもらうことができました。もし、ローラが先住民の代表のところに行って、いきなり「こうしてほしい、ああしてほしい」と言ったとしたら、きっと参加者は来なかったでしょう。

一方で、百人のユースに参加してもらうように努力しましたが、開催予定日には35人ぐらいしか集まりませんでした。そこで、日程を遅らせて、百人を集めることができました。それ以後は、逆にウェイティングリスト（待機リスト）ができました。電話やファックスなど、昔ながらの方法で募集したときは、思うように参加者が集まらずパニック状態になりました。しかし、ＳＮＳに切り替えて募集したら、突然人が集まるようになりました。Facebook、twitter、snapchat が様相を一変させたのです。ＳＮＳを使うために採用したユース５人は、自分の友だちのネットワークを通じて募集を初めました。

フォーラムの後、ユースは14か月かけて報告書を完成させました。ユースは、つまらないことばかり話すと思われていますが、そうではありません。レジデンシャルスクール（先住民の子どものための寄宿制学校）＊、世代間のトラウマ、薬物・アルコール依存、性的・心理的虐待……。フォーラムに参加した人たちは、自分たちの家族やコミュニティでは話せないようなことを話しました。なぜ、家庭ではみな黙っているのか、なぜ、おじさんやおばさんは沈黙を保ってるのでしょう。ユースはフォーラムを通じて、それはレジデンシャルスクールで受けた虐待のためであることを理解したのです。報告書を書くときにみんなにコ

＊カナダは１８６７年の建国当初から、先住民に対する同化政策を実行し、先住民の文化や言語、生活習慣などを「抹殺」するために、先住民の子どもたちを強制的に家族から引き離し、集団で寄宿舎制学校に宿泊させながら英語教育を始めとするヨーロッパ文化の教育を行った。これを実行したのはキリスト教の教会であり、歴代のカナダ政府はこれを政策として正式に支援した。この同化政策の目的は、時の政府によれば「先住民（インディアン）の文化を抹殺する事」であり、そのためには次の世代の子どもたちに先住民の文化を受け継がせないようにすることであった。家庭から引き離されて寄宿舎に入居させられた先住民の子どもたちは、両親や祖父母、親族、

ミットしたことは、「私たちは1つのコミュニティなので、一人でもレポートの作成を続けられないとしたら、それは、だれも続けられないということ。だから、みんなの共同作業とすること」としました。そのため完成までに長い時間がかかりました。レポートは、ユース自身が執筆しましたが、ローラはそれを終始サポートしてきました。レポートができたとき、カナダの主な労働組合や連合等にアプローチし、三大政党（連邦と州レベルでの保守党、自由党、新民主党）にもみんなで連絡をしました。その後、しばらくして、2つ目の報告書（jury and justice report）を提出しました。最初のレポートが問題が何かを理解するためのレポートだったのに対し、これは問題の所在を明確にし、何ができるかを明らかにした具体的なレポートになっています（more Contentious）。このレポートの発表にあたって、執筆者がユース自身であるにもかかわらず、子どもたちを直接前面に出すことはしませんでした。それは、このレポートに対する批判や攻撃を子どもたちが直接受けることを避けるためでした。批判や攻撃は、アドボカシー事務所が受けるようにしました。

先住民のユースは、カナダ国憲法の基本である「正義」にチャレンジした、とローラは述べています。すなわち、憲法で保障された「正義」は、先住民には適応されなかった歴史があったのです。

〈プロジェクトで達成したもの〉

1、プロジェクトをしている間に、参加した子どもたちはだれも自殺をしませんでした。

これは大変重要なことです（先住民の保留地では若者の自殺率が非常に高いことが大き

コミュニティの先輩などから先住民の言語や生活習慣、精神世界、コミュニティの中での人間関係、先祖との繋がりなどを学び受け継ぐ機会を一切剥奪され、全く断絶された世代となってしまった。寄宿舎制の学校で学んだのは、英語、キリスト教、そしてヨーロッパ人の文化・習慣等であったが、この同化政策はいわゆる「西洋化された」先住民を白人と同等に扱うことではなかった。先住民としてのアイデンティティを剥奪され、先住民のコミュニティから断絶され、自分の親や親族ともコミュニケーションができなくなってしまった挙句に、白人の世界では相変わらず厳しい差別にさらされて、学校を卒業した後は路頭に迷う以外に道がなかった。

な問題になっている）。
2、プロジェクトが終わった段階で、すべてのユースは友だちになりました。そして、つながりを感じているし、実際SNSでつながっています。
3、連邦政府および州政府が参加しました。
4、カナダの「真実と和解委員会」*が、一緒に参加してほしいといってきました。トロントで2千人の学生に対して「教育の日（真実と和解）」で話をしました。次は全国版の「フェザーズ・オブ・ホープ」を実施する準備をしています。先住民、非先住民、そして新移民が集まって、将来の先住民との関係修復について話し合うことを考えています。

〈次のステップ〉

25人のユースをすべての州と準州からそれぞれ参加してもらい、全国版フェザーズ・オブ・ホープを実施したいとローラは考えています。25人のうち13人が先住民、6人は新移民、残り6人はカナダの主流社会の子どもという割合で集める計画です。開催地は首都のオタワ、開催期間は3日間で考えています。ここで話し合う主な議題は「どのようにしたら先住民と移民、そして主流社会の間での関係修復が達成できるか」そして「そのためには何を行えばいいか」を設定する計画です。

「真実と和解委員会」のモデルを踏襲しつつ、子どもの「癒し」のモデルを入れ込むことを考えています。なぜならば、もともとのレジデンシャルスクールの目的は、先住民の子ど

*先住民の子どもを家庭から引き離し、カソリック教会と政府が共同で運営した「レジデンシャルスクール」で起きたさまざまな虐待の問題について、後にカナダ連邦政府はこの政策の過ちを認め先住民に正式に謝罪し、カナダ政府と先住民代表で構成する「真実と和解委員会」を立ち上げ、5年かけて被害者への聞き取り調査などをして事実検証を行い、報告書を出している。報告書では、カナダ政府に対して二度と同じ過ちを起こさないためのさまざまな勧告が出されているが、その中に、大学で「先住民学」の講義を必須とする勧告もあり、ウィニペグやサンダーベイでは、すでに実現している大学もある（菊池幸工「岩手日報『世界は今』県人レポート」2

もたちから「先住民性を抹殺すること」だったので、子どもたちに参加してもらい、彼らから奪われた先住民性を再度取り戻すための話し合いを考えています。しかし、ここではインクルーシブアプローチ（すべての人を含める方法）を採用し、先住民のみならず、移民や主流社会の子どもを含めた、すべての子どもが繋がりと誇りを持てるようにしたいと考えています。

００８年９月13日号参照）。

５、私たちの主張、私たちの出番　Our Voice Our Turn

「それは、まるで突然処罰を受けたような感覚だった」
「政府は、もっと良き親になるべきだ」

２０１０年11月18日と25日、オンタリオ州議事堂委員会室で、児童福祉制度の改善を訴える公聴会が開催されました。主催は、親から虐待を受け、親権が停止されて社会的養護生活を経験したユースたち（以下、当事者）で、アドボカシー事務所の全面的サポートを得て開催され、州議会議員、担当省大臣や省官僚、児童福祉の現場の職員、そして一般市民が当事者の声に耳を傾けました。カナダのユニセフも「画期的」と認めたこのイベントは、公聴会の場所がオンタリオ州議会議事堂であるということもさることながら、企画から準備、当事者の生活経験ストーリーの募集、当日の進行及びパネリスト、そして、宣伝およびメディア対応まで、すべて当事者が行ったことが「画期的」でした＊＊。

＊＊菊池幸工「岩手日報『世界は今』県人レポート」２０１１年１月16日号、２０１３年３月24日号参照

アドボカシー事務所のアーウィン・エルマン所長は問います。「18歳になった自分の子どもに『18歳になったのだから家を出なさい。大学に行くのなら、ちょっとしたお小遣いはあげますよ』といって自活を強要しますか？　大学に行っている子どもに『21歳になったから、完全に自活しなさい』といって、子どもとの一切の繋がりを切りますか？」しかし、これがオンタリオ州政府の「親」としての実態なのです。毎年、約千人の当事者が、自活を強要させられているのです。オンタリオ州の児童福祉制度では、里親の家に住む里子は、18歳になるともう里親とは住めないし、大学に進学した場合はわずかな援助金が支給されるものの、21歳になった段階ですべての支援は打ち切られるのが現状でした。まだ大学を卒業していないにもかかわらず、まったく支援を得られないまま、社会へ放り出されるのです。

公聴会で自分の経験を語ったジャスティン（当時24歳）は、21歳になるのが怖くてたまらなかったと言います。「これまでの自分の努力と成功に対して処罰を受けたような感じだった」。大学をあと1年で卒業すれば、自分の人生を切り開く機会を得られるいう一歩手前で、突然奈落の底に突き落とされた気分だったと言います。当事者の中には、16歳から自活を強いられる人もいます。一般家庭の子どもは、20代半ばで独立するのが最近の傾向であるにもかかわらずです。

そもそも公聴会のアイデアは、エルマン所長が、トロント市から車でおよそ1時間半西へ行ったグエルフ市の家庭子どもサービスセンターで、当事者から話を聞いたことから始まりました。当事者から、児童福祉制度を変えたいというさまざまなアイデアを聞きながら、それらが1980年代に語られたことと何ら変わりがないことに愕然としたといいます。そのことを知った当事者の1人が、ちょっと考えた後「じゃあ、今回は何をしてくれるんだ?」とエルマン所長に迫ったと言うのです。

そこから動きは始まりました。オンタリオ州各地に住む他の当事者のみならず、シェルターに住むユースにも話を聞き、大臣や政府機関の役人とその関連機関の関係者、市議会議員などからも話を聞きました。そこから出てきた結論は「大人たちは、それぞれの立場で頑張ってきた。次は、われわれ当事者の出番だ」ということでした。こうして、当事者が企画から宣伝、進行、メディア対応まで一切を担当する「公聴会」のプロジェクトが立ちあがったのです。名付けて「私たちの主張、私たちの出番:自立する当事者のプロジェクト Our Voice Our Turn: Youth Leaving Care Project」です。

1989年、国連総会で「子どもの権利条約」が採択され、カナダ政府は1991年にこれを批准しました。日本政府も1994年これを批准しています。同条約の第12条は「子どもの意見表明権」を保障しており、第2項には「このため、児童は、特に、自己に影響を及ぼすあらゆる司法上及び行政上の手続きにおいて、国内法の手続き規則に合致する方法により直接に又は代理人もしくは適当な団体を通じて聴取される機会を与えられる。(政府訳)」となっています。今回の公聴会は、正にこの権利の具現化といえます。

カナダの当事者にとって、児童福祉制度はまさに「自己に影響を及ぼす司法上及び行政上の手続き」以外の何物でもない深刻な問題です。当事者が意見を述べるのは当然の権利であり、その聴取される機会を提供するため、アドボカシー事務所はその機関の任務である「子どもの権利擁護」をこんな形で具体的に実行したのです。公聴会で当事者のパネリストが述べる「経験」や「提言」は公募されたものです。文章だけでなく芸術作品、ビデオや録音など、あらゆる媒体を使って担当の当事者に提出され、300件以上集まりました。

公聴会に出席した議員からは「委員会室は素直さと感動に溢れていた」との声が上がり、「このような催しはこれからも開くべきだ」と述べた政府役人もいたといいます。これら集められた「経験」や「提言」は、「マイ・リアルライフ・ブックMy real Life Book（私の真の生活実態）」としてまとめられ、州政府に対し児童福祉制度の抜本的改革を迫りました。報告書はアドボカシー事務所の支援を受けて印刷され、「弱い立場・孤立・捨てられた状態・助けてくれる人がいない・不安定な養護制度・養護から離れた後の生活苦」などの状態にいるユースの生活経験が、本人の言葉で生々しく語られています。アドボカシー事務所のホームページでは、若者自身が生活経験を語る映像を見ることもできます*。

この報告書は州政府に提出され、これを正式に受け入れた州政府は直ちに、当事者であるユースたちと児童福祉の現場で働く専門家を含めたワーキンググループを立ち上げ、政府に政策改革の具体的提案をするように指示しました。そうして出来上がったのが「オンタリオ州児童福祉制度抜本改革のブループリント　Blueprint:Recommendation for Fundamental Change」（以下、ブループリント）です。ブループリントはプロジェクトの最終報告書となり、州政府子ども・青年サービス省大臣に手渡されました。ブループリントには、「現在21歳で

＊ https://provincialadvocate.on.ca/main/en/hearings/pages/report.html

終了する財政支援を、25歳まで引き上げること」「18歳から21歳まで支給している財政資金を増額すること」「ケア計画策定や決定事項には、必ず当事者の意見を反映させること」「子どもの養護対象上限年齢を18歳からさらに引き上げること」など多くの改革事項が盛り込まれ、すでに多くの提案が州政府により政策に取り入れられ、実行されています。

「カナダ子どもの権利連盟」はこのプロジェクトに対し「開拓者賞」を授与しました。カナダ初の当事者による議事堂での公聴会開催と、その後にまとめた「児童福祉制度抜本改革案」の提出により、児童福祉改革に画期的な貢献をした実績が認められたのです。このプロジェクトは、ユニセフもまた絶賛しています。

驚くべきことに、ブループリントが州政府に提出された翌日には、州政府はブループリントで提案された改革案を政策に反映させると発表し、子ども青年サービス省のホームページにその内容を具体的に掲載したのです**。

ブループリント提出からわずか2日で、州政府が具体的に動いたのには、当事者による強い意志が背景にあったものと思われます。これまで幾度もユースは福祉制度改革を訴えてきましたが、彼らの声は無視され続け、一向に制度は変わりませんでした。「これまでのようなやり方ではだめだ」とユースは思いました。支援してくれる大人たちからは「はじめからできないと思うな」「夢が大きすぎるなんて思うな」と励まされました。そこで考え着いたのが「若者の生活経験の実態を集めること」、それを「親」であるべき州政府に対し「議事堂での公聴会」を開いてその場で訴えることだったのです。実際、公聴会の初日は議員も含

＊＊https://news.ontario.ca/mcys/en/2013/01/new-resources-and-supports-for-youth-in-and-leaving-care.html

め関係者３００人以上、２日目は５００人以上が当事者の声に耳を傾けました。この時、当事者であるユースは、「パワーは確実に若者にシフトしている」と実感したと言います。
ブループリントが提出されたことで、政府を含め大人側のユースとの関わり方、例えば、政府や大人の側がユースから情報を得るときのやり方が変わりました。このことにより、今後、政府によるユースとの関わり方がさらに変わっていくことが期待され、長期にわたってユースが政府に影響を与えることとなるでしょう。政府がユースの声をどのように聞くのか、ユースの声に応えるために政府はどうユースと関わるかが、ブループリントの重要な勧告の部分になります。政府による財政的な支援だけを増やせばよいのでなくて、ユースとの関わり方自体を変えるということが問われているのです。

〈Invisible Youth　視野から外れた若者〉

四年制大学や専門学校（カレッジ）に行かないユースは、なかなか自分たちでは声を出せないでいるのが現状です。そのような自分たちでは声を出せないユースには、大人から近づいて行って、彼らにとって人生の成功とは何かを聞く必要があります。大学やカレッジに行くことだけが成功の尺度ではありません。彼らには、生活の安定を保障し、グループホームでうまくいかなくなったり、里親を転々としたりしないように、まず生活の不安を取り除く必要があります。

6、プロジェクトは何を変えたか

かつてユースには声がありませんでした。しかし、My real Life Bookが世に出て、公聴会が行われ、ブループリントが出ました。それまで、声を出す機会がなかったユースがその機会を得ることができたのです。

今年（2016年）は、「レジデンシャルケア」の問題について力を入れています。プロジェクトの報告書「Searching for Home（自分の家・家族を求めて）」は、My real Life Bookで語られたこととあまり違わない内容です。ということは、5年間で改善されたポリシーはあるけど、それがなかなか当事者の現場に浸透していないということです。すなわち、現場の子どもたちの生活環境を改善するまでに至っていないのが現実です。そこで、今回の報告書で出した勧告には、ポリシーが現場にタイムリーにしかも効果的に実施されるような提言をしています。また、今年のプロジェクトでは、社会的養護にいる子どもやユースにとっての「家族の再定義」も試みられました。彼らにとって、「家族」とは一様ではないものです。

2012年に提出されたブループリントは、その後、子ども青年サービス省のガイドラインとなりました。ユースは政府に対して「いったい3年間で何をしたのか、どういう成果を出したのか」と問うています。このやりとりで、政府と当事者はお互いを少しずつ理解できるようになりましたが、政府から出る答えを当事者が検証して評価しています。ユースが望

ブループリントの中身についてユースから説明を受ける州政府子ども青年サービス省大臣（当時）

んでいるのは、インケアでの生活を導いてくれる明快なロードマップです。政府はガイドラインを出すといっていますが、インケアでの生活が予期しないことばかりの連続なので、今後の当事者側の活動は、政府のポリシーを分析・評価し、現場の子どもたちの具体的な問題を解決するように政府に促していくことです。例えば、21歳を過ぎると切られていた健康保険や歯科治療保険、眼科保険などを、21歳以降も継続するようにと要求しました。これは、ブループリントにも書いてあります。政府はこの勧告を受けて、保険を25歳まで伸ばすことにしました。政府のポリシーに変化が出てきたことは事実です。さらに、政府と対話をしながらポリシーの確認もできるようになり、以前にはなかった当事者と政府とのよい関係ができてきています。

これまでの政府のポリシー変更は、大学やカレッジに進むインケアのユースに対する授業料無料化や奨学金を増やしたり、支給金を増額したりする財政的支援が中心で、大学等の高等教育を受けない人への対策は十分ではありませんでした。実際インケアの子どもたちの高等学校退学率は一般生徒よりかなり高いことから、教育、就業、健康保険の3分野について改善を進めるため、政府はブループリントの勧告を実行に移す努力をしています。２０１２年から3年たち、政府の政策実施状況を検証した結果、「里親は里子が大学に行けるように勧めているが、子どもたちは人生を成功裏に生きるために必要な人間関係を築けず、そのための必要なサポートも得られていない」現状にあります。学校の授業も含めて、学業に集中できないことが今一番大きな問題になっています。政府によるさまざまなポリシーは良くなりつつありますが、relationships（人間関係構築）が、依然問題として残されています。

評価という点では、政府の対応や施策に関しては子ども青年サービス省が、オンタリオ州のCASの統合組織であるOACAS（オンタリオCAS協会）の施策実施状況に関してはOACASが、それぞれまず自己評価をした後に当事者であるユースがそれらの自己評価について再評価しています。これら三者がそれぞれ評価をした後に、お互いになぜそのように評価したかを確認します。政府は自己評価が甘い傾向にありますが、OACASの自己評価はフェアであったというのが当事者の印象です。したがって、政府に対しては「自分たちはこんなによくやっているというが、もしそうなら、なぜ現場の子どもたちはその改善を実感できないのか」と質問することが必要だと当事者は考えています。大切なことはAccessibility and Knowledge（サービスへのアクセスが容易で、利用できるサービスが知らされていること）です。インケアの子どもがサービスについて知らされていなければ、あるいは知らなければ、そのサービスは本人にとっては「存在しない」ことになります。このことを政府にしっかり伝えていくことが重要だと考えています。

オンタリオ州政府は、次のステップとしてBecause Young People Matter（若者は大切だから）をもとに委員会を作り、アドボカシー事務所と協力するということなので、当事者も参加して、今後どのように勧告の内容を実行に移すかについて、話しあっていく予定です。

〈州政府が児童福祉法改正法案を提出〉

２０１６年12月8日、オンタリオ州子ども青年サービス省は、州の児童福祉制度を大きく改正する「子ども家庭サービス法」の改正法案を発表しました。この法案改正の主要な部分を以下に記述してみます。

・児童保護の対象年齢を現行の16歳から18歳に引き上げる。現行では、16歳未満の年齢期までに一度もインケアにいたことがなければ、17歳や18歳の子どもは保護の対象にはならない。この改正は、17歳や18歳の子ども達の教育機会を支援し、また、路上生活者などの不安定な生活状況や人身売買などの犯罪に巻き込まれる機会を減らすためのものである。

・要支援家庭への早期介入を強化し、家庭が危機的状況になる前に早めに子どもや家庭を支援する。

・社会的養護を受けているすべての子どもに対し、その多様性を認識してそれらを受け入れ、それぞれの子どもの文化的背景に適正なサービスを提供する。これには、先住民の子どもやアフリカ系の子どもなどに特に注意を払う必要がある。この背景には、前回の審査で国連子ども権利委員会から、カナダの社会的養護には先住民の子どもやアフリカ系の子どもが一般人口に比して極端に割合が多すぎることが指摘されていたことがある。この改正の中に、先住民のコミュニティ（イヌイットやメイティを含む）と協力することも明記されている。

・CASなどの児童養護機関に対する監視を強化し、州全体にわたって子どもたちが一貫した高品質のサービスが受けられるようにする。これは、州に47か所あるCASによるサービスが、箇所によってばらつきがあったことが指摘されていたことが背景にある。
・子どもやユースの声を尊重し、その価値を認める。
・「国連子どもの権利条約」との整合性を保ち、児童福祉に関わる決定には、子どもがその中心となって関わる。

以上の主な改正内容に加え、州政府はCASに対して財務諸表と会計監査結果を公表することを義務付けることで、政府の責任を明確にしていくことを明らかにしました。

政府による改正法案の発表があってから、テレビやラジオなどが特集を組んでいます。あるテレビ討論に出席したアーウィン・エルマン氏は、オンタリオ州には「児童養護制度はあるが児童福祉制度がない」と指摘しました。親からの虐待など差し迫った危険から保護する制度はあるものの、保護した後の子どもの生活の安定と幸せを保障する仕組みがないというのです。すなわち、子どもたちの生活実態として、里親から里親を転々とする定住しない生活、学校を何度も変わることで授業に身が入らないため学習が遅れ学校に行かなくなる生活、そして、このインケアにいる子どもたちの苦悩を理解しない学校の先生、社会からの冷たい目などなどです。子どもたちを危険から保護した後、社会的養護にいる子どもたちの幸せな生活を、そして充実した人生をどのように保障するかは重要な課題なのです。

同じテレビ討論に参加したライアソン大学で児童福祉の教鞭をとる教授も非常に興味ある指摘をしました。彼によると、この児童福祉の世界には「専門家（expert）」はたくさんいるが彼らは「専門技術や知識そして経験（expertise）」をもっていない、というのです。いわゆる「専門家」とは大学の教授とか研究者、官僚、ソーシャルワーカー等が含まれているようですが、本当の「専門家」は、児童福祉の制度の中で生きている当事者だというのです。彼らこそが児童福祉の専門技術と知識そして経験を持っています。だからこそ、児童福祉の決定には彼らが中心にいなければならないというのです。

さらに2人は、「先住民とアフリカ系」の子どもの数が社会的養護制度の中に非常に多い理由として、「植民地主義の意識」と「人種差別の意識」があることを指摘しました。児童福祉の制度には、一般社会の意識がそのまま反映されており、児童福祉の制度だけを変えても社会が変わらないと根本的には解決しないというのです。教育や医療、カウンセリング、子ども家庭支援など、その他の制度も同時に変えていかなければ、状況は改善しないと指摘しました。すなわち、カナダ社会から植民地意識と人種差別意識がなくならない限り、この問題はくすぶり続けることになるのです。

なお、この改正法案は、オンタリオ州議会で3度審議されたのち、2018年度春に施行される決議が2017年6月1日に可決されました。それまでの間に、保護対象年齢を18歳に引き上げるなど、一部は前倒しに発効されます。この州議会における3度の審議の期間中、ユースは担当大臣に幾度も法案修正のフィードバックを行い、大臣もこれを真摯に受けとめていました。アーウィン氏は、まだ法案は完璧でないものの、当事者であるユースが積極的に関わったという点で、今回の成果がユース自身によるものであることを強調しています。

〈政府に対するユースからのフィードバック〉

当事者であるユースのグループは、２０１６年12月から何度もミーティングを実施し、オンタリオ州政府担当大臣にフィードバックしてきました。２０１７年6月付で「より良い子どもケアの将来像（Envisioning Better Care for Youth）」というタイトルのレポートが出されました。以下、そのレポートを要約して紹介します。

・私たちからのメッセージ

1　子どもやユースは、生活のスキルを会得するために支援を受け、自立して生活するための資源が提供され、大人へと成熟していく。

2　子どもやユースは、コミュニティ（地域社会や帰属するグループなど）との意味ある関係性を築くための支援を受ける。

3　私たちは、1人ひとり皆違った存在であり、唯一のユニークな存在である。私たちの生活のすべての局面で、そのことが認められ個人として扱われる。

以下、ケア（社会的養護）の品質、ケアの継続性、そしてユースの声という観点から、次の6つの分野で提案書をまとめています。

・私たちの主要な関心事の分野

1　声（意見）、権利及びコミュニケーション：子ども・ユースは、当事者の生活に影響を与えるすべての事柄に対して声を出すことができる。子どものケアをする人はすべて、彼らの権利を尊重し強く擁護すべきである。ケアのサービス提供者は、子どもの声を支援し、その行為は定期的に確認し評価して、子どもたちが力強く成長するために確実に子どもたちの声が聴かれるよう、そのための支援や機会が保障されなければならない。

2　住居と継続的な支援：子どもが力強く成長するためには、彼らに何が提供されるべきかを明らかにすることが重要である。社会的養護にいる子どもたちの人生が成功するためには多様なサービスが必要である。そして、それらは互いに深く関連しているため、サービスを提供する機関や団体はそれぞれの専門分野を結集し統合させたアプローチをとる必要があり、その継続的な支援が必要である。

3　個別の計画と確実な実行：個々人の人格を受け入れ、「大は小を兼ねる」のような考えですべての子どもに同じ計画を当てはめるのではなく、子どもの多様性を考慮した個別の計画が必要である。子ども自身の決定は支援されるべきであり、尊重されるべきである。

4　帰属・人間関係及び快く受け入れる環境：子どもたちと関わる人、なかでも特に幼いころから子どもの日々の生活に関わってきた全ての人びととの関係性が安定的に持続されなければならない。安心できて、心から歓迎され、心地よい環境が与えられるべきである。

5　アイデンティティと文化に則したケア：文化は人間にとって本質的なものであり、人生をどう生きるかを決めるものである。本人の文化は、その人のアイデンティティに直接かかわり、その人の文化に則さないケアをしたり、文化に関する知識が欠如していると、アイデンティティの問題や自尊心の欠如に結び付く。子どもたちは、自由に自分のアイデンティティに則した表現を行うことができる。サービス提供者は、子どもの文化維持に関連する研修を受け、子どもが帰属する文化集団との関係性を維持するための支援やリソースを提供することが重要である。

6　サービス提供者とケアギバー：サービス提供者やケアギバーは、社会の子どもの中でも、最も弱い立場にいる子どもたちとの接点を多く持っている。従って、与えられた仕事を適切に遂行することが求められている。これらの子どもに関わる仕事をする人たちには、厳しい研修と高い教育による資格が求められる。サービス提供者やケアギバーは、資格を取得して仕事をするべきであり、子どもと関わる上で最高水準の仕事をすることで、決して子どもに危害が加わらないようにしなければならない。

以上の他に、すべての分野に共通して求められるのは「責任（Accountability）」です。ここでいう「責任」とは、紙の上に書かれた考え方や発言したことを、実際の行動に移すことで、そこでは以下のことが保障されなければならないとしています。

1、サービス提供者は適切に、そして、幅広く訓練・研修を受ける。
2、オンタリオ州で提供されるあらゆるサービスは、州内どこの地域で受けても同等で一貫しているべきである。
3、子ども自身に関わり、影響を受ける事柄の決定には、必ず本人が意見を言える。

4、政府は、子どもの社会的養護に関わる様々な政策や手続きの実施に当たっては、これを注意深く監督し、定期的に評価し、見直し、そこには当事者の様々な意見が反映されるような仕組みを構築する。

5、既存および新しい政策は適切に実施され、それらが守られなかった場合は、サービス提供者はその結果責任を負う。

6、公への報告は透明性をもって、隠し立てすることなく行われること。すなわち、すべてのことは公にされること。

アドボカシー事務所で行われているプロジェクトの中で、先住民のユースのプロジェクト「フェザーズ・オブ・ホープ」と「私たちの主張、私たちの出番」を取り上げ、参加した若者の反応を聞きました。

〈フェザーズ・オブ・ホープ　Feathers of Hope〉

9割のユースはこのプロジェクトは「素晴らしい」と言っています。Justice（社会正義）のプロジェクトの時、非常に多くのユースが参加しました。また、アドバイザリーの委員になりたいと、多くの若者が懇願してきました。彼らは、自分たちの声を聴いてもらっていると思っているので、自分も何かしたいと言います。

少ない人数ではありますが、否定的なコメントも無い訳ではありません。自分たちの都合のいいことだけを取り上げて、自分に都合よく利用していると言う負の評価です。

フィードバックのレポートをまとめたユースのグループ。子ども青年省の大臣も参加。

ひとつの苦労は、アドボカシー事務所はユースを一生雇っておくことはできないということです。だから、バランスを保たないといけません。オーストラリアの北部で11か所ある保留地のうち9つの保留地を訪ねた時、ユースたちにいろいろ行動してもらいましたが、非常に肯定的でした。彼らは「自分たちで何かできる」ということを信じ始めているのです。文化的アイデンティティの羽（先住民にとって先住民の精神世界の象徴である「鳥の羽」は重要な意味を持っている。創造主との繋がりや栄誉を表すシンボルでもある）を着ると自信が生まれ、誇りが芽ばえ、同じ羽のついたジャケットを着て「コミュニティ」を実感するのです。今後はフェザーズ・オブ・ホープがNGOになることが夢だと、ローラは言います。それはユースたちで運営され、大人はサポートする側に回ります。

〈参加できる機会を得た若者に何が起きるか〉

ユースが参加できる機会を得ると、オーナーシップ（他人ごとではなく自分のこと、自分のものという実感）と責任を持ち始めます。それは、自分たちでやっているからです。議事堂での公聴会を準備しているとき、ただ集まって「アイスブレーカー」をやったり、その日の気分をわかちあったりするだけでは満足しない、私たちは何かしたい、「仕事」をしたい、何かを成し遂げたい、と言っていました。自分たちのものにしたい（オーナーシップ）という気持ちが、公聴会を成功させたのです。彼らは、ただ単にここにきて「どう思うか」を語るだけでなく、自分たちで行動し、実行したのです。

アドボカシー事務所の役割は、有機的に活動し、人を集め、機会を与え、事を起こすために手助けをする（instrumental）ことです。議題や目的についてはユースと話しますが、後はユース自身に任せ、事務所としての役割はアンカー（安定、定着させる碇）になることだと考えています。つまり、みんなをまとめてバラバラにならないようにするのがアドボカシー事務所の役割だと考えているのです。

〈つながりができる〉

公聴会の準備をするために集まった最初のユースのグループは、準備のために一緒にかなりの時間を過ごしました。その中の6人ぐらいの若者が、クリスマスにどこにも行くところがなくて、一人のアパートに集まり、一緒に七面鳥を焼きクランベリーソースを作りました。クリスマスとはこういうもの、という典型的な料理を一緒に作ったのです。彼らは、およそ集まって一緒に料理などしそうもない人たちでしたが、公聴会準備で共に時間を過ごし、関係を構築することで、自分たちの「家族」を作ったのです。集まったら、仕事だけではなく、休息も入れて、お互いを知る時間が必要です。お互いを知れば、離れていてもつながっているし、集まれば仕事もはかどります。

おわりに〜権利ベースの文化を築こう〜

第3部では、カナダ・オンタリオ州アドボカシー事務所の動向と、子どもの権利擁護に関する活動について紹介してきました。筆者が、今回の執筆のために調査・取材したなかで、一番心に残った言葉が「権利ベースの文化（Right Based Culture）」でした。ここでいう権利とは「子どもの権利（Rights of the Child）」はもちろん、「人権（Human Rights）」も含まれています。日本語で「権利」というと、「権勢と利益」すなわち「力ずくで得るもの・権力とか権限」に結び付けて捉えられる傾向が強いようで、特に子どもと結びつけて使うと、敏感に反応したり、身構えたりする人が少なくないようです。

日本語の「権利」は、英語では「Right」で、Right（名詞）の本来の意味は英英辞書によると、第1に「道徳的に見て良い事、または、正しい事（what is morally good or correct）」という定義がされています。なにか、日本語の権利とは程遠いような気もしますが、第2の定義が「何かを得るまたは特定の行動をする道徳的または法的な当然の要求（a moral or legal claim to have or get something or to behave in a particular way）」となっていますので、こちらが日本語の「権利」に近い感じがします。

でも、ここでRightの第一の定義「道徳的に見て良い事、または、正しい事」を見てみますと、第1章（6）でキム・スノー博士が語っていた「アドボカシーとは子どもを不適切に

「まちがっていたら正せ！」＝権利と正しい（どちらもRight）を掛けている。

扱う社会や制度の不正義を正すこと」を想起させます。つまり、子どもの権利を守るためには、権利の本来の意味、すなわち「道徳的に見て良い事または正しい事」を子どもたちに保障しなければなりません。そして、そのための社会正義の実現に欠かせないのが「権利ベースの文化」の考え方なのです。

カナダはよく、世界的にも権利意識が進んだ国と言われます。たしかに法的には幾重にも権利が保障されていますが、州アドボキットやライアソン大学の教授が指摘したように、「植民地意識」と「人種差別意識」は、まだまだ残っています。そして、それが児童福祉の制度にも反映されていることを考えれば、「権利ベースの文化」を築くことはますます重要な事として意識されています。

もし子どもたちから何らかの苦情や要求が寄せられたら、それが、道徳的に見て良いこと、または、正しいことかどうかを自問してみるのも良いでしょう。そして、それが「国連子ども権利条約」および「改正児童福祉法」に照らして、「道徳的または法的に当然の要求」かどうかを考えてみましょう。もし、あなたの判断が「肯定」であるならば、子どもと話し、一緒に解決策を考えてみましょう。

子どもを一人の人間として認め、そして、権利の主体として認めて、子どもを不適切に扱う社会や制度の不正義を正すために、子どもたちに社会的正義を保障するために、日本でも是非「権利ベースの文化」を構築してほしいと願っています。

あとがき

本書を執筆するために、実に8年もの間カナダ・オンタリオ州に通い続けてきたことになります。主にトロント市内に滞在して、本書には掲載できなかった施設や団体も、数十か所におよびます。どの施設に訪問しても、スタッフのみなさんは快く私たち調査班を迎え歓迎していただき、惜しみなく実践を紹介してくださいました。

私たちが訪問したのは、0歳から就園前までの子どもたちが集う子育て支援の場からユースが集う場まで、対象とする年齢層も幅広いものでした。おかげで、乳幼児期のみならず青年期まで「そこに行けば何とかなる」まさにコミュニティハブがもつワンストップの実際がよく見えてきました。

カナダ・オンタリオ州で暮らす子育て家庭は、本当に多彩な民族で成り立っています。そのため家庭で起こる課題も多様で、かつ複合しています。だからこそ「そこに行けば何とかなる」を実現するコミュニティハブは、子どもの年齢を問わず、子育て家庭の課題を可能な限り網羅しようと、コミュニティに在り続けています。

しかし、どれだけコミュニティハブをきめ細やかに整備しても、子どもの権利が侵害される事態は当然起きます。オンタリオ州では、アドボカシー事務所で対応する必要がある子ども（対象者）は、基本的にコミュニティで暮らしています。もちろんグループホームや寄宿舎制養護施設は存在しますが、そうした施設も当たり前のことながらコミュニティに存在しているわけです。そのためコミュニティに対して働きかけて、子どもたちが暮らすコミュニティでの出来事に対して子どもたち自身が意見を述べる機会を設けて、それを通じて子どもと大人とが対話をするプロセスをつくります。そして、最終的に子どもの声を反映した政策を政府や公的部門が行うという変革と成熟をもたらします。このような実際の行動を起こす際に、コミュニティハブはまさにその実行を担う場として活躍します。こうした円環的なコミュニティの動きこそ、権利ベースの文化の創造への飽くなき追求です。

私たちは当初、コミュニティハブとオンタリオ州子どもアドボカシー事務所を研究対象として分断し、同時並行的に訪問してきました。しかしそうした自分たちのもつ研究枠組みの狭さに気付くに至ります。カナダに来ると、子どもの年齢を限定したり、子どもがもつ課題を限定したりして（例えば虐待防止など）研究する自分たちの研究枠組みの狭さや浅さがよく見えてきました。

権利ベースの文化を築くということ、すなわち子どもの権利を基盤とした養育文化を創造するということは、コミュニティのなかにある各機関、各施設、各団体、そしてスタッフ、地域住民たち、子どもたちの互恵的な関係をつくろうとする円環のなかにありました。たしかに各機関は単独で設置され、機能しています。しかし、ハブをつくり、時としてバーチャルなハブとして各施設同士がお互いにつながりあうことで、最も不利な立場にある子どもたちをその円環のなかに入れ、子どもたちが声をあげやすいような環境を整え、子どもたちの声を反映させて、子どもの権利を基盤としたコミュニティをつくろうと懸命な姿がありました。これはcommunity development（コミュニティ開発）と呼ばれる手法であり、手法を超えてカナダのコミュニティのあり方そのものと言えます。そのエッセンスをお伝えできたとしたら、監修者として幸いです。

最後になりましたが、本書では掲載できませんでしたが、たくさんの施設に訪問させていただき心温まるおもてなしをくださいました、オンタリオ州の子ども・ユース支援の各支援施設のみなさまに、心よりお礼申し上げます。素晴らしい出会いに恵まれた私たちは本当に幸せ者です。どうもありがとうございました。

また編集者のかもがわ出版吉田茂さんには、2年にわたった私たちの執筆作業を粘り強く励まし、適切にご助言くださいました。吉田さんに編集をしていただいたお陰で私たちのカナダに対する思いを上梓し、世に送り出すことができました。どうもありがとうございました。

最後まで読んでくださった読者のみなさま。カナダ・オンタリオ州がめざす子どもの権利を基盤とした養育文化の創造への実践に触れていただきたいと願い、本書をまとめてきました。まだまだ情報不足の点もあろうかと思いますが、カナダ・オンタリオ州の最前線に触れることができたと実感していただけましたら幸いです。お付き合い下さり、本当にどうもありがとうございました。

２０１７年12月

監修者　畑　千鶴乃

《著者紹介》

畑　千鶴乃（はた・ちづの）第１部、はじめに、あとがき

大阪府立大学社会福祉学部卒、奈良女子大学大学院人間文化研究科単位取得退学、学術博士。現在、鳥取大学地域学部人間形成コースで、「子どもにとって身近な拠点形成」に関して実践研究に従事。鳥取では社会的養護実践者らと鳥取養育研究所を運営し、「子どもアドボカシー機関」の設置をメンバーで模索している。

大谷由紀子（おおたに・ゆきこ）第２部

奈良女子大学大学院人間文化研究科博士後期課程修了、博士（学術）。建築設計事務所で都市開発・建築設計の実務を経て、現在、摂南大学理工学部建築学科教授。子どもと家庭を地域で支えるための環境づくりについて、拠点計画やまちづくりの観点から研究している。

菊池　幸工（きくち・こうこう）第３部

早稲田大学社会科学部卒。カナダ・トロント大学大学院修士号取得。ビジネスコンサルタント。日本の児童福祉関係者の研修・研究コーディネーター及び通訳。カナダと日本の社会的養護の子どもの国際交流コーディネーター。日本で「子どもの権利擁護」に関して、ワークショップや講演を行っている。

子どもの権利最前線　カナダ・オンタリオ州の挑戦

――子どもの声を聴くコミュニティハブとアドボカシー事務所――

2018年２月15日　第１刷発行

発行者――竹村　正治

発行所――株式会社　かもがわ出版

〒602-8119　京都市上京区堀川通出水西入

☎ 075(432)2868　FAX 075(432)2869

振替 01010－5－12436

制作・印刷――新日本プロセス株式会社

ISBN978-4-7803-0951-5　C0036